国家社会科学基金重点项目（21AZD117）
国家自然科学基金青年项目（72102163）　　资助
河南科技大学博士启动基金项目（13480037）

电子商务下
考虑成员行为对供应链
定价决策的影响研究

Research on Pricing
Strategies of Supply Chains Considering Partners'
Behaviors under E-commence

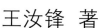

王汝锋　著

中国财经出版传媒集团
经济科学出版社
Economic Science Press

图书在版编目（CIP）数据

电子商务下考虑成员行为对供应链定价决策的影响研
究／王汝锋著. -- 北京：经济科学出版社，2023.4
ISBN 978 - 7 - 5218 - 4711 - 6

Ⅰ. ①电…　Ⅱ. ①王…　Ⅲ. ①供应链管理 - 定价决策
- 研究　Ⅳ. ①F252.1

中国国家版本馆 CIP 数据核字（2023）第 068061 号

责任编辑：张　燕
责任校对：齐　杰
责任印制：张佳裕

电子商务下考虑成员行为对供应链定价决策的影响研究

王汝锋　著

经济科学出版社出版、发行　新华书店经销

社址：北京市海淀区阜成路甲 28 号　邮编：100142

总编部电话：010 - 88191217　发行部电话：010 - 88191522

网址：www. esp. com. cn

电子邮箱：esp@ esp. com. cn

天猫网店：经济科学出版社旗舰店

网址：http://jjkxcbs. tmall. com

固安华明印业有限公司印装

710 × 1000　16 开　12.75 印张　210000 字

2023 年 5 月第 1 版　2023 年 5 月第 1 次印刷

ISBN 978 - 7 - 5218 - 4711 - 6　定价：66.00 元

（图书出现印装问题，本社负责调换。电话：010 - 88191545）

（版权所有　侵权必究　打击盗版　举报热线：010 - 88191661

QQ：2242791300　营销中心电话：010 - 88191537

电子邮箱：dbts@ esp. com. cn）

序

随着电子商务的快速发展，"新零售"全渠道模式得以迅猛发展，许多行业的制造商除了引入传统的零售渠道外，还引入了各式各样的互联网渠道与服务模式。与此同时，消费者可以从互联网渠道和实体渠道购买相同的产品，他们会选择适合自己需求的渠道。面对供应链中消费者偏好行为，供应链系统变得更加复杂和不确定，因此在电子商务下考虑供应链上下游风险规避及消费者偏好行为对供应链决策的影响是值得探讨的问题。

本书的主要贡献有以下三点。

（1）以往很多研究只考虑了制造商或者零售商单方开通双渠道的定价决策问题。作者结合消费者异质性及网络打折的实际情况，将制造商双渠道和零售商双渠道放入统一框架下进行比较分析，最后从供应链上下游及消费者角度考虑了选择模式的优劣。

（2）尽管考虑供应链成员风险规避行为的研究不可胜数，但很少有学者将异质性消费者的渠道偏好考虑到双渠道供应链风险的研究中。作者结合异质性消费者的渠道偏好，考虑了双渠道供应链中，制造商风险规避行为、零售商风险规避行为及供应链上下游均风险规避对各方决策的影响，从制造商角度、零售商角度、消费者角度及供应链系统的角度分析了制造商风险规避行为、零售商风险规避行为及供应链上下游均风险规避的优劣，结果表明任何一方风险规避的行为都能提升供应链的绩效。

（3）关于需求函数的选用，作者没有选用常规的线性需求函数，而是从消费者效用推导出了每个渠道的需求，以往研究大多将消费者假设为偏实体渠道的，在本书中作者根据场景不仅考虑了消费者偏向实体渠道的情况，还考虑到随着互联网的飞速发展，消费者分为偏实体店和偏网络渠道两种类型，这些假设丰富了全渠道供应链的理论研究。

作者王汝锋曾于2013～2017年跟随我在天津大学攻读博士学位，迄今为止，已进入物流与供应链管理研究领域十年之久，一直专注于渠道供应链的热点问题，与国内外学者合作在管理科学与工程领域的著名期刊发表了多篇文章，取得了学术同行的认可。本书是她基于这些年的研究，结合国内外文献，编撰而成。看到书稿成型，难免想起作者刚进入博士期间懵懵懂懂的状态，经过多年的学术洗礼，不仅感悟到很多人生哲理，还找到了自己的存在感、掌控感和成就感。王汝锋博士乐观开朗，积极向上，豁达洒脱，为人坦诚，多年来于我是学生也是朋友，作为她的博士生导师，非常欣慰这些年她不断进步，不断成长。希望王汝锋博士持续努力，宠辱不惊，淡定从容，来日方长。

本书考虑到供应链成员风险规避的行为及消费者渠道偏好行为，用数学模型结合数值实验讨论了双渠道供应链的一些决策问题，期望本书能对从事供应链研究的学者及供应链企业管理者提供一定的参考。

李　波
于天津大学敬业湖畔
2023 年 3 月 2 日

前 言
PREFACE

　　电子商务的迅速发展带动了全渠道的新零售模式，许多行业的制造商除了引入传统的零售渠道外，还引入了互联网渠道。例如，电脑制造商（如苹果、IBM、思科）、化妆品行业（如雅诗兰黛）、饮料和食品产业（如可口可乐）、体育产业（如耐克）和电子产品生产商（如三星和索尼）都采用了由直销网络渠道和传统零售实体渠道组成的双渠道供应链。不少研究表明消费者具有渠道偏好的行为，供应链上下游及消费者面对这种新零售的模式会使得供应链系统具有不确定性。基于此，本书以博弈理论为工具探讨了电子商务下成员行为对供应链定价决策的影响。

　　本书主要内容及创新点如下。

　　第一，基于 Stackelberg 博弈，我们假定消费者本身有网络渠道倾向，并且在网上购物有折扣。在统一框架下，我们比较了制造商引入网络渠道和零售商引入网络渠道在定价决策方面的差异。结果表明，即使制造商提供优惠政策，鼓励零售商独自开通网络渠道，但在有些情况下，零售商仍不情愿采用这种方式；网络折扣率与消费者对网络渠道的偏爱程度对供应链系统的决策呈现相反关系。

　　第二，本书进一步研究了供应链上下游均开设网络渠道的多渠道供应链系统的决策问题。结果发现，网络渠道的开通会使得制造商对渠道的控制力增强，批发价升高，利润升高；而零售商则会在自己所占网络市场份额比较小时降低零售价，比较大时提高零售价，引入网络渠道后零售商的利润总是降低的。随着零售商所占网络市场份额的增加，制造商的利润减少。

第三，研究了风险规避型制造商双渠道供应链的定价策略问题。针对消费者对实体渠道和网络渠道偏好的不同将其分成两种类型，采用均值方差方法，建立了 Stackelberg 博弈的定价策略模型。结果发现，风险规避型的制造商追求高利润必定会承担高风险，且当其风险管控因子在一定范围内时，有两个批发价使得制造商达到最优利润。分析表明，制造商选择低定价对零售商、消费者及供应链整体利润均有利。另外，与制造商风险中性时相比，随着消费者对实体渠道的忠诚度增加，零售商的最优利润和供应链最优总利润增幅增大。

第四，研究了一个零售商风险规避且消费者有渠道偏好的双渠道供应链的定价策略。研究结果表明，只有当零售商的风险管控因子小于一个临界点时，零售商的风险管控才有效。当零售商的风险控制有效时，制造商的利润总是比完全理性下有所提高；而零售商的利润可能会提高或减少，这取决于风险管控因子的范围。零售商的风险规避行为可以实现一个双赢的策略（即制造商和零售商都会更好）。双赢策略是否可以实现取决于风险管控因子和偏实体店消费者所占市场份额的比例。

第五，研究了在双渠道供应链中，制造商为 Stackelberg 博弈主导者且制造商和零售商均具有风险规避行为时的定价策略。根据制造商和零售商具有不同的风险态度，决策分为四种情况：不受双方风险态度的影响、只受制造商风险态度的影响、只受零售商风险态度的影响、受双方风险态度的影响。将完全理性下的模型作为基准，发现当零售商或制造商风险管控有效时，批发价会降低，零售价在大多数情况下也会降低，消费者需求升高；另外，当风险管控因子在一定范围内时，可以实现供应链上下游利润共赢的策略。

本书可作为运营管理、电子商务、数学模型等课程的教学参考书，也可以作为供应链管理相关学者和企事业单位相关工作人员的参考资料。

王汝锋

2023 年 4 月

目 录

CONTENTS

1

第 1 章

物流与供应链管理概述

1.1　物流的基本概念

1.1.1　物流的定义

生产和消费是物流的重要环节。物流的缺失，会使商品价值、使用价值和货币价值都无法实现。那么究竟什么是现代物流管理的实质呢？现代物流配送管理的核心概念"物流"即"logistics"，源自"physical distribution"，它们是企业经营战略的一部分，为我们提供了一种有效的、可持续的物流配送服务。因此，物流活动应该被视为一个系统来管理和控制。

随着交易对象和环境变化，物流的概念也随之发生变化，因此有必要从历史的视角来考察物流的概念。物流配送一词最初源自英语中的"physical distribution"，但在 20 世纪五六十年代，日本开始将其用于商业活动。为了提升劳动效率，日本政府组织了一支专家考察团前往西方国家进行学习，并发表了相关的考察报告，这一报告为日本的生产经营管理带来了全面的发展。"流通技术专业考察团"由 12 位专家学者组成，他们在 1956 年 10 ~ 12 月，实际考察了美国各地，第一次认识到了"物流配送"这一新兴概念。实际上，早在 20 世纪 20 年代，美籍研究者克拉克就将"physical distribution"当作一种重要的要素，在企业中进行了深入的研究，以探索物流管理的可能性和发展趋势。在第二次世界大战时期，美国军队就开始将"logistics management"用作物流的术语，这一基础理论和分析方法在二战后获得了公司和学术界的广泛认可，并被称为商业或销售物流。二战期间，商业或销售物流组织的供应、保管、运输和配送取得了巨大的成功。日本考察团发现这一新兴技术后，于1958年发表在《商品流通科技》期刊上的"劳动生产力研究报告33号"，为商业物流发展做出了重要贡献。当时的日本正处于经济腾飞的关键时期，"physical distribution"（PD）概念迅速被产业界所接受，物流变革已经深入到日本各行各业，给日本经济发展带来了巨大的影响。

随着科技的发展，物流配送定义也发生了巨大的变化，从原始的产品物体移动到现在的物流配送，从广义的"logistics"到狭义的"physical distribution"，物流配送的概念变得更加清晰明了。物流配送的概念最初主要关注的是产品实物在一定劳动手段下，通过载体从供给方向需要方定向移动的过程，这一过程可以分为两个重要阶段：G—W，W—G，即产品的供给和需要。任何实体物料的流转，无论是商业物流还是销售物流，都有着至关重要的枢纽功能，它们是工业生产与居民消费中间的主要桥梁，产品交易活动会对其产生直接影响和约束，只是在产品交易发生时，物流配送才会产生，但不会永久产生。

由于20世纪80年代社会市场经济迅速蓬勃发展，物流业面对着史无前例的巨大挑战，这种巨大挑战体现在适度的经济监管为经济自由提供了更多的可能性；信息的蓬勃发展和变革，不仅提高了公司的效率，也为决策支持的信息系统的构建提供了更多的可能性，使得部门间、公司间的整合或统一变为可能；企业合并和市场经济集中化的迅速发展，进一步改造了原有的经济体制，为物流业提供了新的机遇和巨大挑战。世界经济一体化的迅速发展，要求物流公司能够以最低的成本提供最优质的客户服务。物流公司不仅要在国内提供有效的支持，还要在国际金融市场上发挥其业务优势，以满足消费者的需求。随着经济全球化的发展，商品开始向世界各国市场流通，物流逐渐跨越了国境，这就要求物流能在对生产和销售活动给予有效支持的同时，在不同国家间还要具备其发挥业务优势的能力。随着市场竞争的加剧，物流从最初的狭义概念转变为更加全面的概念，它不仅关注产品的供货流程，还考虑到了与产品相关的原料和零部件供给的物流管理，这对于企业的竞争力提升至关重要，因为原料和零部件的供给可以直接影响到企业的生产成本、效率和创造性。日本丰田公司采用了全新的产品管理方式，从原料和零配件的制造、供给开始，实现了多元化的物流活动。这种新型方式不仅考虑了货品从制造企业传递到消费者本身的物流配送活动，还重视了退货、废弃物品回收等环节，促使物流活动更加有效率、更加精准。此外，这种新型方式不仅可以提高产品的流通效率，而且还可以有效地减少产品的损耗，从而提升企业的整体竞争力。传统物流属于生产销售活动的附属行为，主要侧重点在于商品物质的传递，忽略了物流配送在工业生产和销售战略中的重要性，尤其是日本政府推行的准时（just-in-time）工业生产体系，导致以时间为中心的国际竞争变得更加激烈，而且物流活动也可以直接影响到生产决策的最终结果。

随着社会环境的不断变化和对中国传统物流配送的不断挑战，1984 年美国联邦物流配送经理联合会宣布将物流配送的概念从"physical distribution"改为"logistics"，并将现代物流配送界定为一种以客户需求为导向，将原料、半成品、成品及其信息从生产地运输到居民消费地的流程，包括一种高效率、降低成本的策划、实施和控制手段。这个新的定义旨在提升客户满意度和物流效率，并将物流配送行为从单纯关注销售转变为关注企业内供应、制造和销售整个过程中的物流配送行为，包括供货商、制造企业、流通商以及其他专业物流服务提供商，以适应顾客的需要，提升公司的价值。随着时代的演变，物流理念也在不断地演变和更新。1991 年 11 月，荷兰乌德勒支市召开了第九届物流国际会议，参会者们对物流概念展开了深入探讨，不仅认可了西方现代物流理念，而且还将物流活动拓展到了生产前后的各个阶段，包括物质、信息流通、营销、售后服务、市场组织等。据报道，物流的现代含义已经发生了巨大的变化，以至于在辞典中尚未有一个明确的定义，这让人们对物流的概念有了更深刻的理解。现代物流是指公司在制造和经营过程中，通过物质、信息资源的流动以及相关服务行为，来满足顾客需求。它不仅涵盖销售预测、产品计划决策、库存、顾客订货管理等与生产活动有关的物流业服务，还包含了与客户满意度有关的营销物流项目，从而为我们带来更加全面、有效的物流业服务。1998年，美国联邦物流管理协会重新定义了物流配送，将其定义为一种从制造地到分销地的物料、业务和信息流动的整个过程，旨在满足客户需求，并以最高效率和最低成本从事计划、实施和控制活动。物流活动是一个复杂的过程，从商品的使用到废弃再到回收，它涵盖了物质和服务的各个方面。

通过现代物流技术，企业可以大幅提升收益，从而实现销售额和利润的双重提升。这一技术的核心目标是：缩短重要业务的时间，提高物流质量，确保有效率、无差错地运送，并且有效地备货，及时发现库存信息、断货信息、运送途中信息和送达信息等，从而降低从原材料供应到商品生产再到最终到达顾客手中的整个物流过程成本。现代物流是一种有效的经济活动，旨在通过连接供给主体和需求主体，克服空间和时间的限制，实现企业高收益的目标。它不仅能够满足顾客的需求，还能够快速地将商品或服务运送到目的地。

1.1.2 物流的职能

物流主要包括输送、保管、流通加工、包装、装卸及信息六大职能，如图 1 – 1 所示。

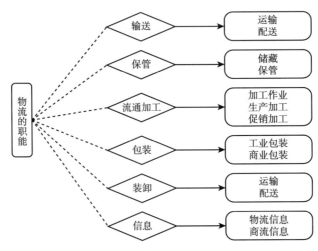

图 1 – 1 物流的职能示意

1.1.2.1　输送

输送是一种物流活动，它涉及物品在空间和场地上的流动。输送系统由物流环节、运输途径、公共交通组织等硬件要素组成，并通过交通运营和管制等软件系统来实现这一目标。运送是指将商品或服务从一个地点运送到另一个地点，两地的距离较短，这种运送通常被称为配送。

1.1.2.2　保管

保管是一种重要的物品储存管理方式，它可以有效地调节时间和价格，从而促进经济活动稳定发展。与过去以维护商品价值或库存为目的的长时间保存不同，现在的保管更加注重短时间的流动，以满足销售的要求。仓库是保管活动的核心设施，它能够根据货物的出入库情况，有效地管理货物的存储和出售。

1.1.2.3　流通加工

流通加工是一种复杂的加工过程，旨在保持产品的原有特性，并且提高产品的质量和经济价值。它包含剪切、细分化、钻孔、装配等复杂的机械加工步骤，还有单元化、标价贴附、商标贴附、备货、物品检测等辅助活动，以确保物品的流通领域质量。近年来，流通加工成为一种增强物品附加值、实现物品多元化的手段，在物流活动中充分发挥着日益重要的作用。

1.1.2.4　包装

包装是一种物流活动，旨在保护商品的价值和外观。它可以分为两类：一类是工业包装，旨在保证商品的质量；另一类是商业包装，旨在提高商品的销售额，传递信息。这两类包装都有其独特的功能，可以帮助商品更快地到达消费者手中，并增加商品的总体价值。

1.1.2.5 装卸

运输中的装卸活动是一种横跨交通枢纽和物流配送系统的复杂社会活动，它涉及货物的运输、存放、打包等操作，包含放入、卸出、分拣、备货等步骤。集装箱和货盘是实现装卸效率最高的重要工具。

1.1.2.6 信息

伴随电子计算机和网络通信科学技术的发展，物流配送信息系统也迎来了前所未有的变革，从订货、在库保管、出货、产品进入、运送、备货等业务活动，到更高层次的系统化管理，物流活动可以有效、顺利地实施。伴随科技的发展，数字化已经成为大型零售店和二十四小时便利店的重要组成部分，它们不仅能够收集与货品种类、品质、运送中的操作控制等有关的物流配送数据，还能够收集与订货、发货和款项交付等有关的商流数据，从而有效地降低流通成本，提高销售量。为此，大多数零售店和二十四小时便利店都已经连接了营销时点信息（point of sale，POS）系统和电子数据交换（electronic data interchange，EDI）系统，以进行信息化管理，提高销售效率。这些管理系统的出现，促进了物流信息的快速发展。

公司物流作业项目的职能各不相同，这取决于公司的业务类型、组织结构和物流战略。但是，总的来说，公司物流作业项目一般涉及客户、需求量预估、分拨系统管理、存货监控、货物装卸、货物加工、零配件和售后服务支援、厂房和粮仓设置、区位分析、供应、包装物、退货处置、配送信息管理和存货管理工作等方面。美国研究者巴罗（Barro，2002）将公司物流配送项目区分为两类：一类是基础性物流配送项目，即所有物流渠道均会进行的物流活动；另一类是支持性物流配送项目，即根据企业实际情况制定的物流活动，以满足其运营需要。

重要的物流活动包含：（1）客户服务标准。这需要与运营部门和营销部门协作，以理解顾客对物流的具体需求和对总体服务的反应，并制定相应的标准。（2）运输。这涉及选用合适的运输工具和服务，保证安全、高效地运输货物，并审定运价。（3）存货管理。包含存货、零部件和产成品的储存策略，以及短期内销量预估；储存点的商品结构，以及储存点的数量、规模和位置；及时更新和调整管理战略，以保证存货的有效利用。（4）情报传递和订货管理。分销客户与存货相互之间的联系，订货情报的传递方式，以及订购规则，都是需要考虑的因素。

支持性物流管理实践活动包含：（1）仓储管理。包含仓容规划、站场布局设计、仓储结构安排、库存摆放位置等。（2）物资处理。包含机械设备选型、更新维护、拣货程序安排、货物存取等。（3）供应商采购。包含精心挑选供货商，科学合理确定供应商采购时机，以及精确决定供应商采购总量。（4）保护性包装。旨在为移动、存储和防止损坏提供有效的保护。（5）信息维护。包括信息收集、存储和处理，数据分析以及控制过程。

1.1.3　现代物流的特征

现代物流的特征如图 1 – 2 所示。

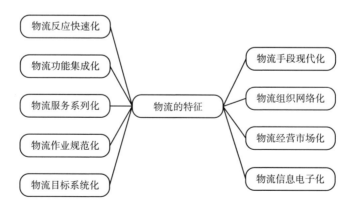

图 1 – 2　物流的特征

（1）物流反应快速化。随着科技的发展，物流配送服务提供商正在迅速响应上行和下行的物流配送运输和分配要求，前置时限大大缩短，物流分配距离变得更短，物流运输分配效能大大提高，商品周转数量也大幅度增加。

（2）物流功能集成化。现代物流的重点在于将物流配送与商品供应链的活动紧密联系，以实现物流配送各种功能的集成，包含物流配送途径与商流途径的整合、物流配送途径相互之间的协同、物流配送环节与生产环节的协同等。

（3）物流服务系列化。现代物流业务的重点在于定位和改进其职能，并将其系统化。除去常规的仓储、搬运、打包和流通加工业务外，现代物流还提供市场调查和分析、供应和订单处理等增值服务，并为客户提供配送信息、物流咨询、后勤方案选择和设计、库存控制策略推荐、货款回收和支付以及教育培训等内容。这些业务不仅提高了客户的决策支持能力，而且还为客户提供了更多的便利。

（4）物流作业规范化。现代物流强调规范和流程性，以进一步提高作业效率和服务质量。通过这种方式，复杂的作业可以变得更加简单易行，并且更容易被推广和考核。

（5）物流目标系统化。现代物流以系统化的方式规划整个公司的物流活动，以确保物流活动与商流活动、公司目标之间以及物流活动与其他活动之间的有效协调，不仅要求单个活动达到最佳状态，更要求整体活动达到最佳效果。

（6）物流手段现代化。现代物流配送科技的发展使得它能够更有效地为产品销售服务。随着工业生产、商品流通和产品销售范围的扩大，物流配送科技和装备也在不断提高。电子计算机、通信、机电一体化工艺和语音识别工艺已经应用于物流领域。随着 GPS、卫星通信、射频识别装置和机器人技术的不断发展，世界上最先进的物流管理系统已经达到了自动化、机械化、无纸化和智能化，尤其是在 20 世纪 90 年代中期，美军国防部（DOD）为前南地区从事维和活动的多个单位提出的军用物流后勤保障管理系统，其复杂性和精确性堪称世界一流。

（7）物流组织网络化。为了更有效地支持产品促销，现代物流必须建立一个完整、高效的物流网点系统，以确保各网点相互之间的物流配送活动能够具有系统化和一致性，从而使得存货总水平和存货分配达到最优化，搬运和物流配送也能够更加快速、机动，既能够铺开又能够收拢。只有通过建立完善的物流运输配送网络系统，才能满足当今社会对于安全、高效率的生产和流通的需要。

（8）物流经营市场化。现代物流的运营采取市场经济发展激励机制，公司可以自行开展物流配送，也可以委派市场化物流业承接后勤各项任务，以"服务水平—成本"的优化搭配为总体目标，谁能提出最优质的"服务水平—成本"搭配，就由谁来进行服务。在国际上，"大而全"和"小而全"等自办物流业的表现令人印象深刻，而大批的第三方物流企业也在进行物流业服务。相比之下，物流配送行业的社会性和专业性早已形成主导，即便是非社会化和非专业化的物流组织也都实施严密的财务管理。

（9）物流信息电子化。随着计算机信息技术的发展，现代物流配送工作过程变得更加可视化，进而大大降低了存货积压、延迟交付、配送不及时性、仓储与运送不安全等经营风险，使供货商、物流配送商、批发商和零售商能够更有效地协同和配合，并对物流配送工作过程进行有效控制。

1.1.4　绿色物流的概念

1.1.4.1　绿色物流的含义

绿色物流配送是一个以环保为核心的物流配送方式，它通过采用现代化的物流配送手段，实现运送、仓储、安装、搬迁、流动加工、物流配送、包装等活动，从而尽量减少对自然环境的破坏和自然资源的耗费，同时也展示出企业的绿色形象，从而实现全面可持续发展。绿色生态物流配送是一项多层次的理念，它不仅包含企业为实现发展而进行的活动，还包含社会对其进行的管理、要求和监控。从范畴上看，绿色生态物流配送不仅包含简单的物流配送操作，如运送、包装、流动生产等，还包含废弃物回收再循环物流，旨在实现物流配送操作和管理全过程的绿色化，从而降低自然资源的能耗，更加环保。

1.1.4.2 绿色物流的价值

（1）有利于可持续发展。

采用绿色生态物流配送的发展理念和举措，可以有效地降低物流配送经营活动对自然环境的空气污染，节省能耗和资源，进而促进发展，这不但有利于保护地球自然环境，也为社会提供了可持续发展的可能性。绿色生态物流配送对中小企业来说具有重要的社会意义，它不但可以提高中小企业的收益，还能够为中小企业建立美好的企业形象和声誉，并且主动履行社会发展责任。随着可持续发展理念的普及，绿色消费已经成为一种普遍的消费理念，消费者在选择公司时不仅关注它们能否提供优质的商品和服务，更加关注它们是不是能够节约资源、回收利用废弃的原材料，以及是不是重视环保。所以，推广绿色物流可以提升公司在消费群体心目中的企业形象。

（2）降低成本获得竞争优势。

在竞争激烈的国际市场经济中，公司必须重视环境保护，因为承担环境责任不仅不会带来经济损失，还能够帮助公司达到政府或环境组织对某一工业产业的要求，从而使公司在未来的发展中更加可持续。绿色物流的核心思想是通过减少物料和操作成本，提高产品的竞争力，从而获取更大的市场优势。它不仅能够改善环境，还能够促进公司物流活动与社会和生态效益的有机结合，从而使公司在激烈的市场竞争中脱颖而出，获取更大的发展。

（3）最大限度降低经营成本。

通常来说，产品的生产、加工、营销的生产周期占总成本的10%，而物流配送环节占用了近90%的成本，包含仓储、搬运、拆卸、分装、流动生产和信息管理等。因此，物流成本在整个产品系统中占有重要的地位。传统物流模式以高投入大规模运营、低投入小规模运营为主，而绿色物流则主张低投入大规模运营。显然，绿色物流不仅要求节约成本，更重要的是要求节能环保，减少污染，从而大幅降低物流成本。

（4）可提高企业品牌价值。

品牌市场价值的高低取决于市场份额、品牌创造的价值以及发展潜力等多种因素。绿色物流的出现，不仅能够有效减少旧产品及原料回收的生产成本，还能够提升企业形象、美誉度，提升市场占有率，提升品牌经济价值和品牌寿命，进而间接提升中小企业的市场竞争力。

（5）可破除绿色贸易壁垒。

伴随世界经济一体化的快速发展，中国传统的出口关税和非关税壁垒逐步被淡化，绿色生态壁垒也开始出现。特别是加入世贸组织后，我国物流业迎来一个合理的转型期，大部分外资企业不再受到限制，外资物流公司进驻中国市场，这对国内物流业形成重大冲击，使得物流配送行业迎来一场激烈的竞争。只有加大绿色物流发展力度，积极倡导绿色认证，才能打破绿色贸易壁垒。

1.2　物流管理

1.2.1　物流管理的定义

在社会发展中，物流是一项必不可少的社会活动，物流的产生和发展，能够使不同的物品从一个空间转移到另一个空间。在移送的过程中，需要对所移送物品进行严格的控制和管理。随着物流技术的发展，可运送的产品销售类型越来越多，从货品资讯、原料到成件，在移送过程中，不仅要满足客户的需求，还要努力控制运输成本。此外，物流工作还需要相关人员填写各种与物品运送有关的凭证，这是一项复杂而又系统化的工作。在货物运输环节，物流工作人员必须特别注意货物的安全保管，以免在运输中出现流失或损毁的情况，确保在抵达终点时，货物能够完整无缺地交付给收运人，从而实现整个物流运输和配送的高效率。物流运输必须以明确的目的地为基础，并且需要精心安排各个环节，以确保产品的顺利运输。

现代物流配送管理的核心理念是体系化、信息化和控制系统化，它们共同构成了物流配送运输的完整体系。物流配送管理是一种基于物质流动规律和科学方法的管理模式，旨在通过计划、组织、指挥、协调、控制和监督等手段，有效地促进物流配送经营活动的有效进行，从而大大降低物流配送成本费用，提升效益。

1.2.2　物流管理的特征

1.2.2.1　以提高顾客满意度为第一目标

物流起源于客户的需求，没有客户需求就没有物流活动。在当今物流领域，顾客服务的重要性已经超越了其他任何活动，为了确保物流配送服务的有效实施，应该建立完善的物流配送管理中枢、电子商务信息系统、作业管理系统和组织架构。随着客户需求的不断变化，现代物流配送从供应商转移到客户手中，成为推动物流发展的重要动力。

1.2.2.2　着重整个流通渠道的物流运动

过去，物流管理仅仅涉及从生产到消费的传统商品流动，即公司内在物流配送，而现代物流配送控制则不仅涵盖了这些内在物流配送，还包含提供物流配送、退货物流以及废旧品物流等逆向物流，以满足社会各方面的需求。现代物流管理中的销售物流概念已经发生了重大变化，不再局限于单一阶段的物流活动，而是将厂商、批发商、零售商和消费者紧密结合在一起，形成一个完整的销售物流系统，以确保销售物流行为的有效性和合理性。

1.2.2.3　以整体最优为目的

企业的各个部门都有不同的职能（见图1-3），其中采购部门负责以低价格购买产品，在短时间内完成订货，并保持库存数量较少。生产部门则负责扩大生产规模，维护生产流程，制订固定的生产计划，并进行大规模生产。销售部门则负责提高销售额，扩大市场份额，降低库存水平，加快进货速度，提升服务水平。物流是一种综合性的服务，它能够帮助企业降低成本、提高订货量、提供充足的时间、降低库存水平、提供大规模运输等。通过对这些职能的分析，可以发现现代物流能够有效地整合企业内部资源，实现企业和流通渠道的最佳效益。

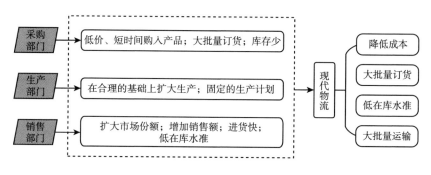

图 1 - 3　企业各部门的职能

1.2.2.4　既重视效率更重视效果

现代物流管理工作的重点已经从单纯的设备、机器等外部软件基本要素转变为更加关注信息技术等软件系统基本要素，从而使物流管理实践活动的范围从以往仅限于运输和保管扩展到了包括供应、销售、批发和零售等多个领域。现代物流已经从最初的作业层级转变为管理工作层级，并且在经营方面取得了长足的进步。此外，现代物流不仅关注公司内在需要，如保证运输力和降低成本费用，还注重提升物流配送水平，以适应市场需求。同时，现代物流也开始关注社会需要，如环境保护、交通便利和能源利用等。从现代物流的角度来看，效率和成本费用的提升已经不再是重点，而是更加关注整体商品流通工作过程的物流配送效率。因此，即使有些物流活动会导致成本上升，但只要可以有效地达成公司的发展目标，它仍然是可取的。

1.2.2.5　以信息为中心的实需对应型的商品供应体系

随着信息技术的发展，物流效率和效益得到了极大的提升。现代物流不再依赖于传统的预测驱动，而是以客户订货为中心，实现了更高效的物流服务。

1.2.2.6 对商品运动的一元化管理

随着货币实物的发展,"市场转移"和"提前期"这两个自然物理事件已经成为当今市场中不可或缺的一部分。"提前期"则更加突出了即时性(just in time,JIT)的理念,它强调了订货到交货的时间的重要性,并且在当今产销紧密结合、物流一体化、"互联网+"的进程中发挥着重要作用。

1.2.3 物流管理的作用

随着现代物流的迅速发展,它也已成为推动国家蓬勃发展的动力,是国家蓬勃发展到特定发展阶段后的必然成果。换句话说,物流行业的蓬勃发展为我国经济带来了强大的支撑,也为我国经济的蓬勃发展做出了巨大的贡献。具体表现在以下两个方面。

1.2.3.1 物流管理已变成促进经济增长的重要因素

物流业的蓬勃发展与国民经济的快速发展密切相关,经济发展为物流业提供了强大的支撑力量。物流的出现和蓬勃发展,推动了经济社会分配的规范化,促使经济社会分配更为科学,从而推动了经济发展和整个社会的进步。由于我国社会划分的日益精细,各区域的专业化进程也在不断地加快,这导致了大批商品在区域间的流转,致使产品在空间结构上的布局变得更为散乱。由于各区域对不同产品的需求日益增加,物流业的重要性也越来越凸显出来。交通运输物流业的蓬勃发展为社会分工的精细化提供了强大的支持,它不仅可以满足产品超越地域界限的快速流动,而且还能满足不同地域人们的生产和生活需求,为经济社会蓬勃发展提供了有力的支持。

1.2.3.2 物流管理是促进国家工业发展的关键因素

从世界上其他国家的发展史来看,物流配送的开发和参与是不可或缺的一环。早在20世纪60年代,日本政府就开始重视物流业的开发,并制定了一系列分阶段的物流现代化规划,以推动本国产业化的进程。日本政府采取的这一行动，大大推动了物流业的开发，并且促进了物流配送行业的兴起。这一行业的迅猛发展，激发了日本经济的活力，使日本经济的竞争力不断提升，从而实现了较快的增长。虽然我国在经济建设领域取得了不小的成果，但是与西方国家相比，我国的总体发展素质依然存有较大差距，工业化水平也相对落后，其中物流产业尤为突出，成为我国工业化发展的重要阻碍。因此，我们应当加强物流管理，充分发挥其在工业化发展中的重要作用，使其成为推动我国经济发展的不可或缺的力量。

1.2.4　我国物流管理的现状

近年来，中国经济增长迅猛，与全球经济社会的关系越来越密切，全球化经济增长已成主导态势，各行业的整体水平不断提升，物流业也成为国内重要的产业之一。伴随国际化的进程，各国人民之间的往来日益频繁，各种商务贸易活动也不断增加，这就要求我们必须提供更加优质的服务，以适应顾客的需要，推动企业的可持续发展。伴随着时代的发展进程，国内物流业务量不断增加，交易额也在不断攀升，但是物流管理模式仍处于起步阶段，而供应链一体化的出现更是推动了物流管理模式的改革，也是当今物流业发展的必然趋势。

随着商品交易量的增长，国内物流配送管理需求也在逐年上升。为此，国内物流配送管理已经开始大力引入互联网，并形成了以互联网为基础、搬运、物流配送、仓储管理、包装等技术为支撑的供应链一体化结构。

基于市场、物流管理技能、贸易要求以及客户群体等因素，我国物流管理模式已经进入一个全新的发展阶段，因此，企业应当不断创新物流管理模式，以提升供应链一体化时代的竞争力，实现可持续发展。

1.2.5　物流管理未来的发展方向

由于中国社会主义市场经济的快速发展，市场系统的结构也日趋完善，许多行业正在茁壮成长。制造业的兴起为物流业带来了强有力的支撑，也为其茁壮成长带来了更为宽广的发展空间。近年来，由于国家间交流和贸易的不断加强，中国作为全球第一制造业大国，已经成为全球重要的物流枢纽，也是跨境物流的核心。未来，中国的跨境物流市场将会变得更为庞大，服务水平也会更高，时效性也会更强，从而充分发挥出我国物流的巨大潜力。近年来，我国物流行业获得了很大的发展成就，不仅实现了全面发展，而且在物流管理工作上也获得了显著的进步，实现了全方位、系统化的快速发展，创下了物流史上一个又一个传奇。未来的物流将会越来越专业、智能和高品质，以适应客户的需求。

1.3 供应链的基本概念

1.3.1 供应链的定义

20 世纪末，随着商品经济的发展，供应链（supply chain，SC）成为热门的新概念。其实，在"供应链"概念出现前，它已经是人类生产活动的一种客观存在。自从有了商品交换，各交换实体连接在一起构成生产、流通、消费等环节，就形成了一个完整的供应链。

供应链的定义与内涵随着时代的发展在不断演变。早期的理论指出供应链是一套复杂的系统，它不仅涉及内部的控制层次，而且还涉及公司如何有效地利用自身各种资源，以获得最优化的效益。从原料到最后成品的供应环节是一个复杂的流程，它不但要求企业完整地把握资源，还要求企业能够有效地整合和集成各种资源，以实现价值增值。因此，有学者认为，有效的供应链必须具备价值增值的特征。随着"单链"的线性理论被越来越多的人所接受，"网链"也开始被广泛应用。随着技术的发展，供应链的定义已经从最初的中心业务组成的网链关系转变为一个以信息流、资金流、物流为基础的正向和逆向的整体运行系统，它涵盖了中心业务与供货商、供货商与使用者之间的前向关联，以及使用者与使用者之间的后向关联，从供应商采购原料到最后产品销售，再到产品销售网点将商品送到顾客手上，这一流程不断演变，使得供应链的定义更加完善和精准。它是一种将客户、制造厂、分销商、零售商乃至最终消费者联系在一起的功能网络架构。这是一种跨越多个公司的结构模式，它包含了每个参与者，从原材料的供应到最后消费者的消费，它不仅是一个联系供应商和消费者的物流运输分配链、消息链和融资链，更是一个价值链环节，通过加工、打包和运送等环节，为关联公司创造更多的利润。

供应链由多个节点企业组成，其中核心企业负责提供客户需求等相关信息，并进行分工协作完成资本流、物流和业务流的增加。这种结构形式使得供应链能够有效地满足客户的需求。

1.3.2　供应链的整体结构

一条完善的供应链应该由供应商提供原料和零配件，制造商负责机械加工和组装，分销商负责代理或批发，零售商开展大型超市、连锁店和卖场等活动，最终消费者完成消费，如图 1 -4 所示。

图 1 -4　供应链整体结构示意

图 1 -4 清晰地展示了供应链的基本构架，但实际上，它是一个复杂的网络结构。在这个系统中，往往有一个企业扮演着核心角色，负责调度和协调信息流、资金流和物流。这个核心企业或许是制造商、分销管理商、零售商，甚至是第三方物流企业。

1.3.3　优秀供应链的特征

许多企业认为，通过增强供应链管理功能和减少运行生产成本，可以获得优势。然而，斯坦福大学的李效良（Lee，2004）在对 60 多家重视供应链管理的企业开展深入研究后发现，这种寻求高质量和低成本的做法并不能为它们带来长期发展的机会，反而会拖累它们的发展。李效良博士认为，优秀的供应商通常具有以下特征。

（1）适应力。适应力是企业在市场结构调整和战略发展变化时能够迅速响应的能力。那些能够及时调整供应链以满足新的需求的公司，往往能够取得成功，推出新产品或抢占新市场。

（2）敏捷力。敏捷力是企业应对市场变化的重要能力，它可以帮助企业快速响应原料供应和市场需求的变化，从而更好地满足客户的需求。随着行业的发展，供需波动日益加剧，企业的反应能力也变得越来越重要。

（3）协同力。协同力是企业实现共赢的关键，因此，企业应该努力确保供应链伙伴之间的利益一致，以便在平等的基础上，共同分享研究成果，一同承受财务风险和费用，进而达成合作的格局。

（4）增加价值的能力。企业要想建立一条更有价值的供应链，就必须具备增加价值的能力，这意味着它要根据不同的市场、区域和成本要求，设计出一条完整的供应链，从设计到制造，从库存到物流，每一个环节都要有效地提升价值，从而使自己成为一个更具竞争力的供应链。

1.4　供应链管理

1.4.1　供应链管理的定义

供应链管理工作旨在适应客户的需求，通过计划和管理工作提供购买、制造、销售等活动，以及主要渠道成员们之间的协调与合作，包含供货商、中介商、第三方提供商和客户等，以实现供应链管理的有效运营。1988 年，全球供应链论坛将供应链管理定义为一种从原材料供应商到客户的整合过程，旨在通过提供增值的产品、服务和信息来适应客户的需求。这将供应链管理渗透到了整个企业活动当中，从供应商开始到消费者或者终极用户结束。这一观点包括整个资金流、产品和信息，这就为企业构成了紧密的链条，制造商通过获取、购买、制造、包装和销售把商品和服务提供给终极的客户，这能给企业带来极大的益处。2001 年，我国发布实施的《物流术语》国家标准（GB/T18354—2001）明确了供应链管理（SCM）的理念：应用互联网信息技术，广泛从事商品、物资、信息和资金流动，并实行有效的计划、组织、协调和控制。SCM 是一种综合性的管理思想和方法，旨在有效地协调、控制和优化企业内外供应和需求，以实现企业的可持续发展。它涉及计划、协调、操作和优化各种资源，以及实现企业内外供应和需求的全面整合。SCM 涉及物流配送、生产运营、推广销售、品牌策划、运营以及 IT 协调等多个方面，旨在确保商品流动和信息流动的顺畅进行，并且建立和维护各个环节之间的有效关系。

1.4.2　供应链管理的背景

供应链是人类生产过程中不可或缺的一部分，但过去它一直处于一种被动的、缺乏有效管理的状态。现代供应链中产品的复杂性和规模大大增加，进入 21 世纪后，全球经济一体化的浪潮不断推进，市场竞争程度越来越激烈，商业环境发生了巨大的变化。由于公司运营条件的改变，原来离散的公司逐渐意识到，要在国际竞争激烈的市场经济中存活下去，必须构建一个战略伙伴联系，实行资源优势互补，提出了一个跨公司的集成化模式，以高效协同和管理供应商，从而大大降低产品销售业务成本费用，提升绩效。SCM 思想是在当今复杂多变的市场经济条件下产生和发展起来的，它不仅可以高效地节约中小企业的生产成本，还可以提升中小企业的服务水平，从而使中小企业在国际竞争中脱颖而出，变成企业重要的竞争点。导致商业环境变化的主要推动力分析如下。

1.4.2.1　全球一体化

随着世界融合的不断深入，跨境营销已经变得越发普及。从制造商的角度来看，商品的开发可以在中国、日本完成，而成品的供应则可以来自国内或是巴西，零配件的制造则可以在中国台湾地区、印度尼西亚等地一同完成，最后在中国装配，并将其销往各地。在"鞭子效应"进入消费市场之前，由于地理位置、生产水平和管理能力的差异，许多公司参与了产品的制造，形成了一个复杂的供应链网络。然而，当需求发生变化时，如果缺少高效的管理，"鞭子效应"将会被扩大，进而影响整条供应链上企业的经济价值输出。自工业革命以来，全球的商品类型和数量都在不断地增长，消费者拥有了更多的选择，而技术的进步也使得一些商品（如电子设备）不断更新换代，缩减了商品的寿命，从而导致了市场的激烈波动。随着市场供求格局的变化，对企业能力的需求也越来越高，"拉式"工业生产思想、JIT 设计思想、柔性生产理论等都被明确提出，并已经在实践中得到了广泛应用。

1.4.2.2　赋权的消费者

由于大众的知识水平和对产品的认知程度越来越高，消费者信息也相应提高，增强了消费者的选择能力。随着技术的进步和流水线生产的普及，市场上的产品种类和数量都大幅增加，消费者的选择权也随之提升，对产品和服务的要求也越来越高。消费者可以从众多的产品和分销渠道中获得满足，这将为供应链管理带来更多的可能性。

1.4.2.3　信息技术的发展

21 世纪是互联网信息化时期，IT 早已深入经济社会的方方面面，它不仅使世界变得更加小巧，而且还为企业提供了无限的发展空间，掌握信息、控制网络，将会让我们拥有整个世界。当今，几乎所有企业都在利用 IT 来改善自身、提升竞争力，以应对新经济时代的挑战。

随着信息技术的不断发展，它已经成为现代商业建设的重要推动力，不仅可以改善商品和服务，还可以扩大商品交易市场，实行统一监督管理，加强商务分析制定决策，更重要的是，它已经成为现代商业发展的核心战略资源，可以大大提高商业运营效率，增强中小企业经济的竞争性，从而推动现代商业的发展。实施供应链管理旨在通过企业间的协同作用，加快技术开发和生产，适应市场经济多样化和个性化需求。因此，为支持这一目标的实现，现代信息通信技术不可或缺。

1.4.3　供应链管理的基本思想

SCM 是一种将供应商和客户紧密结合的组织形式，它将上下游资源整合在一起，利用信息技术实现对整条供应链的有效管理，从而提升供应链的运营效率和效益。现代 SCM 的核心思想是将供应商和客户视为合作伙伴，共同努力实现供应链的高效运行。图 1 - 5 形象地描述了供应链管理的内涵，供应链管理的基本思想是整合（integration）与协调（coordination），这恰好构成供应链管理的两大支柱，供应链管理的基础由物流、市场、运筹、采购与供应等组成。供应链管理将显著提升整个供应链的客户服务水平，而这正是 21 世纪企业重要的竞争力。

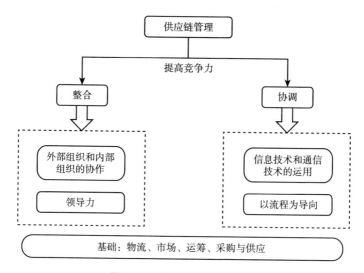

图 1 - 5　供应链管理的内涵

供应商经营是一项领先的经营理念，它以满足客户和最后用户的需要为核心，以提高生产效率和满足客户期望为目标，通过建立和完善供应商环节，实现企业的可持续发展。不论公司规模大小，供应商环节的种类和水平如何，都要以客户和最后用户的需要为主导，以实现最佳的经营效果。

供应商的存在是因为用户和商家的需要得到满足。只有通过满足用户和商家的需要，供应商才能取得更大的发展。

1.4.4 供应链管理的关键环节

本小节以建筑央企为例来具体阐述供应链管理的关键环节。

1.4.4.1 合同供应管理

在履行合同的过程中，建筑央企应本着诚实信用的原则，严格履行合同约定的权利、义务，做好物资采购合同的履约和风险管控工作，形成法律纠纷案件的，应按相关规定及时移交法律风控部门处理。物资采购合同生效后，当合同数量、单价、结算支付等重要条款出现变更时，应当重新履行合同的审签流程；当合同数量变动超过15%时，应当重新履行采购程序。

使用单位负责对拟采购或已采购的货物品类开展有计划的质量检测，并将检测结果应用到采购相关环节。货物类的质量检测包括但不限于采购前评价（选型）检测、新品首次检测、现场检测、出厂检验、到场检验、运行质量监测等。

服务类依据采购合同对服务质量进行评价，可通过第三方测评、被服务对象的模糊评价等方式对服务质量进行事后评价。

采购单位应在招标文件及采购合同中规范计量、结算、支付条件，合理设定计量、支付方式和支付进度，并严格执行。在履行合同的过程中，应本着诚实信用的原则办理相关业务，增强服务意识，提升诚信履约水平。

建筑央企应严格供应计划管理，杜绝随要随采行为，应在合同约定时间范围内，通过供应链系统向供应企业提交供货订单。

1.4.4.2 供应商管理

建筑央企供应商管理遵循一体化管理、优化资源配置、优胜劣汰、分级建设、动态调整原则。供应商应通过供应链系统进行注册入网。境内供应商实行准入条件标准化管理，即每一品类、每一层级供应商实行统一的准入条件。供应链管理部门对集采目录内供应商的信息、资质文件进行管理，对集采目录外供应商的信息、资质文件进行监督、指导。根据"归口管理、分级实施"的原则，建立供应商考核评价体系，通过供应链系统实现对供应商的评价管理。对长期未合作的供应商、有不良行为的供应商实行冻结期管理，对不合格供应商实行退出机制管理，公司各级单位对出现不良行为的供应商采取限制交易措施。经公司供应链管理部批准将存在严重不良行为的供应商列入黑名单管理。所属各单位应积极引导供应商注册入网，并通过规范准入和退出机制，不断完善优化供应商资源，与优秀的供应商建立战略性合作伙伴关系，并积极开展供应链金融业务合作，进一步拓宽各单位和供应商的融资渠道，实现与供应商的共赢，建立公平公正的利益共享与风险分担机制，形成长期稳定的供应链合作关系。

建筑央企应不断完善供应商关系管理，可通过高层互访、组织供应商交流会等方式，建立健全科学有效的长效沟通机制。各级业务人员应与供应商建立更加紧密的合作关系，使老市场不断稳固，新市场不断拓展，坚持以开发优质项目为前提，加强业务拓展和资源开发，树立良好的口碑。在各区域开展业务的过程中，加强与当地优质供应商、厂家的开发、谈判，尤其注重与各地钢厂、水泥厂的对接谈判，为建筑央企源头采购打好基础。

1.4.4.3　供应链信息化管理

建筑央企应建立统一的供应链管理信息系统，编制规范统一的管理制度、货物和服务编码、管理流程。利用计算机网络、云计算、大数据技术，实现各类供应链管理信息的实时流转、处理归集和分类汇总，实现数据在供应链上下游的自由传递，形成供应链全流程的数据闭环。供应商通过建筑央企供应链管理信息系统进行注册入网，按要求提交法律主体资格、生产经营资质、合作信息等相关资料，对供应商实行准入审核制度，审核人应对供应商的资质、生产经营能力、商业信誉等内容进行审核。通过审核的供应商，进入公司供应商网络。

供应链管理系统贯穿采供管理全过程，包括采购管理、交易服务、供应商管理、专家库管理、监督考核、大数据分析等功能。统一建立生产厂家、物流服务商等相关方之间的信息集成与互通机制，实现企业内外数据接口统一化，能够实现数据在供应链上下游的自由传递，形成供应链全流程的数据闭环。

1.4.4.4 供应链风险管理

供应商风险管理可以帮助企业在引入供应商以及与供应商合作过程中随时监控供应商风险，应对多变的全球市场环境。建筑央企应开展供应链风险管理工作，作为全面风险管理体系中的重要组成部分，建立贯穿需求、采购、供应等供应链全业务流程的风险管控体系。完善供应链系统电子风险识别功能，开发自动监管、自动识别、自动预警的风险监测功能，发现异常情形，及时提出预警信息。各级单位应对供应链风险防控点制定风险防控预案，在风险发生时，可依据实际情况选择并实施与之对应的应急方案，降低风险带来的损失。

1.4.4.5 供应链成本管理

建筑央企以追求质量效益为主导思想，不断提高价值创造能力，坚持"过紧日子"。大力实施全面节约战略，定目标、列清单、控预算，把成本费用逐步降低，提高竞争能力。在生产过程中，积极利用现有资源，优化生产物资，减少资源消耗和浪费。尽可能使用环保货物、提高货物利用率、建立包装回收制度，实现绿色包装，减轻废弃物流对环境的污染程度。

建筑央企应根据国家政策、宏观经济、行业发展以及外部资源市场、供应商关系、技术发展等因素，在充分调研、预测分析的基础上，制定一定时期内可实现的采购目标和实现方式方法。重点解决企业的采购组织、采购方式与资源市场、内部管理需求的适应机制和风险管控机制，在追求供应链总成本最优、风险可控的前提下，解决采购体系的成本、效率、效益三者之间的合理匹配问题。

1.4.5　供应链管理体系

1.4.5.1　供应链管理的目标

从效益最大化理论的角度来说，供应链管理的目标可以概括为：供应链增值最大化。供应链是包括原材料供应、加工组装、生产制造、分销、运输、仓储和客户服务等复杂的动态网链，网链上的每个环节都在制造和实现价值增值，从而完成整个供应链的整体增值。简单来说就是要将顾客所需的正确的产品，确保能够在正确的时间，按照正确的数量、正确的质量和正确的状态，送到正确的地点，并且使总成本最小（见图1-6）。

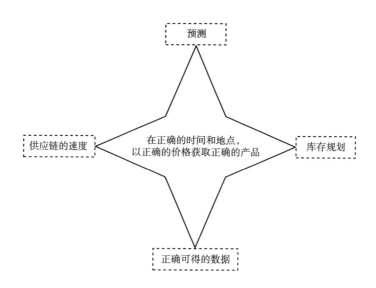

图1-6　供应链管理的目标

具体从以下五个方面入手。

（1）实施有效的产品管理。

商品种类和数量管理长期以来都是企业管理中的难点和重点，对于企业而言，如果不能及时采购和供应畅销产品或服务的话，必然会出现断货的情况，这不仅会引起顾客的不满，还会损失机会成本，使得企业经营系统瘫痪。这是因为当出现断货时，顾客只能购买替代产品和服务，这样企业就无法准确了解顾客的真正需求，进而也无法从顾客的需求出发采购和供应商品。不能把握顾客的真实需求，就无法挖掘顾客的潜在需求，也无法掌握对开发新产品有用的信息。而实施供应链管理后，由于供应链参与企业做到了在物流和信息流上的充分共享，以及业务上的协同运作，因此，通过对市场信息和需求的同步分析和同步运作，企业能够及时了解商品的周转情况和顾客需求的程度，在此基础上对畅销品和滞销品分别进行分析，并确定相应的应对措施，系统全面地审核各种交易制度可能带来的潜在成本和收益，最终实现每个单品在降低运营成本的基础上销量增加。

（2）全面压缩库存。

在传统的管理理论中，库存是企业抵御风险的一种手段，它起到了蓄水池的作用，然而随着柔性化经营的不断发展，特别是准时化经营不断推广之后，人们逐渐认识到过量的库存往往是企业经营低效率的表现，它把企业日常经营中潜在的问题都掩盖起来，在数据信息不准确的情况下，企业的经营决策往往是风险巨大的，商品滞销和断货的可能性都很大，所以，此时只有通过库存将风险控制在一定范围之内。但是，在供应链管理环境下，各参与方掌握了全面的库存信息和市场信息，加上协同化的物流管理，使得库存实现了全面压缩，真正保证了库存的商品是畅销品和未来发展潜能大的商品，与此同时完全杜绝了滞销品的库存问题。

（3）缩短供应链前置时间。

供应链前置时间指的是企业从下单到交货的所有时间，它反映了企业对市场的敏捷响应能力。如果供应链参与方不能全面掌握库存情况，商品缺货就会增加，制造商就会不断因要求追加生产而调整生产计划，其结果是，一方面，厂家和供应商的仓库不断积压停止生产的零部件和商品；另一方面，追加生产的产品和零部件库存的调配又将花费很多时间，这样整个前置时间很长，企业对市场和需求的响应能力较差。在供应链管理中，共同掌握整个库存情况和销售信息是极其重要的，同时还必须将最新的数据提供给供应链全体成员，这样不仅消费者认定的所需时间缩短了，而且对于制造商，依据最新数据制订生产计划就可以将生产过程中的变数降至最低，从而建立起一个稳定的供应体系。

（4）实现系统低成本运作。

以往在产业链运作过程中，供需双方都是从自身的角度来理解和管理成本，一方面，供方或需方试图通过自己的预测控制供应生产成本；另一方面，供需双方相互博弈，以实现自身利益的最大化。此外，行业内部也有驱动业务复杂化的因素，这就是因缺货引起的生产计划的变更。由于生产计划变更，导致生产现场混乱，调整生产计划以及紧急调配库存又引起供货商的混乱等，业务负担比想象的大，由此引起的成本很高。而供应链管理机制通过信息共享以及综合业务管理，把从供货商到零售商的所有业务重新设计为最佳状态，真正实现了系统低成本运作。

（5）改善现金流动。

在以往的经营体制下，由于企业不能有效地应对市场，造成滞销品大量存在，这不仅加大了库存负担，产生了大量的占压资金，而且由于生产和经营计划的不断变更和无效经营，也使得现金流日渐减少，其结果是库存增加，运转资金不足，贷款增加，相应的利息负担也越来越大。在供应链管理环境下，通过建立包括销售趋势和整个库存在内的供应体系，可实现全面减少库存，从而将以前的库存变为现金，改善现金流，形成良性循环的局面。

1.4.5.2　供应链管理的四大支点

供应链管理的实现，是把供应商、生产厂家、分销商、零售商等在一条供应链上的所有节点企业都联系起来进行优化，使生产资料以最快的速度，通过生产、分销环节变成增值的产品，到达有消费需求的消费者手中。这不仅可以降低成本，减少社会库存，而且使社会资源得到优化配置。更重要的是，通过信息网络、组织网络，实现了生产及销售的有效链接和物流、信息流、资金流的合理流动，最终把合适的产品以合理的价格，及时送到消费者手上。计算机产业的戴尔公司在其供应链管理上采取了极具创新的方法，体现出有效的供应链管理优越性。构造高效供应链可以从四个方面入手（见图1-7）。

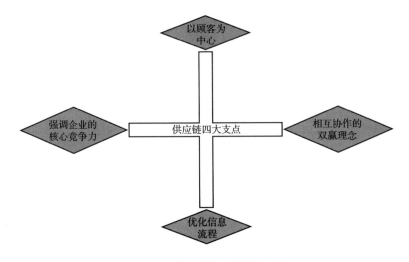

图 1 - 7　供应链管理的四大支点

（1）以顾客为中心。

从某种意义上讲，供应链管理本身就是以顾客为中心的"拉式"营销推动的结果，其出发点和落脚点，都是为顾客创造更多的价值，都是以市场需求的拉动为原动力。顾客价值是供应链管理的核心，企业是根据顾客的需求来组织生产；以往供应链的起始动力来自制造环节，先生产物品，再推向市场，在消费者购买之前，是不会知道销售效果的。在这种"推式系统"里，存货不足和销售不佳的风险同时存在。产品从设计开始，企业已经让顾客参与，以使产品能真正符合顾客的需求，这种"拉式系统"的供应链是以顾客的需求为原动力的。

供应链管理始于最终用户。其架构包括三个部分：客户服务战略决定企业如何从利润最大化的角度对客户的反馈和期望作出反应；需求传递战略则是企业以何种方式将客户需求与产品服务的提供相联系；采购战略决定企业在何地、怎样生产产品和提供服务。

客户服务战略。第一步是对客户服务市场进行细分，以确定不同细分市场的客户期望的服务水平。第二步应分析服务成本，包括企业现有的客户服务成本结构和为达到不同细分市场服务水平所需的成本。第三步是销售收入管理，这一步非常重要，但常被企业忽视。当企业为不同客户提供新的服务时，客户对此会如何反应？是购买增加而需要增加产能，还是客户忠诚度上升，使得企业可以提高价格？企业必须对客户作出正确反应，以使利润最大化。

需求传递战略。企业采取何种销售渠道组合把产品和服务送达客户，这一决策对于客户服务水平和分销成本有直接影响。而需求规划，即企业如何根据预测和分析，制订生产和库存计划来满足客户需求，是大多数企业最为重要的职能之一。良好的需求规划是成功地满足客户需求、使成本最小化的关键。

采购战略。关键决策是自产还是外购，这直接影响企业的成本结构和所承担的劳动力、汇率、运输等风险；此外，企业的产能如何规划布置，以及企业如何平衡客户满意和生产效率之间的关系，都是很重要的内容。

（2）强调企业的核心竞争力。

在供应链管理中，一个重要的理念就是强调企业的核心业务和竞争力，并为其在供应链上定位，将非核心业务外包。由于企业的资源有限，企业要在各式各样的行业和领域都获得竞争优势是十分困难的，因此它必须集中资源于某个自己所专长的领域，即核心业务上。这样在供应链上定位，成为供应链上一个不可替代的角色。

企业核心竞争力具有以下特点：第一点是仿不了，就是别的企业模仿不了，它可能是技术，也可能是企业文化。第二点是买不来，就是说这样的资源在市场上买不到。所有在市场上能得到的资源都不会成为企业的核心竞争力。第三点是拆不开，拆不开强调的是企业的资源和能力具有互补性，有了这个互补性，分开就没有价值，合起来才有价值。第四点是带不走。强调的是资源的组织性。可以带走的资源本身不构成企业的核心竞争力，带不走的东西包括互补性，或者它是属于企业的，如专利权，如果专利权属于个人，这个企业就不具有竞争力。一些优秀的企业之所以能够以自己为中心构建起高效的供应链，就在于它们有着不可替代的竞争力，并且凭借这种竞争力把上下游的企业串在一起，形成一个为顾客创造价值的有机链条。比如，沃尔玛作为一家连锁商业零售企业，高水准的服务以及以此为基础构造的顾客网络是它的核心竞争力。于是，沃尔玛超越自身的

"商业零售企业"身份，建立起了高效供应链。首先，沃尔玛不仅是一家等待上游厂商供货、组织配送的纯粹的商业企业，而且也直接参与到上游厂商的生产计划中去，与上游厂商共同商讨和制订产品计划、供货周期，甚至帮助上游厂商进行新产品研发和质量控制等方面的工作。这就意味着沃尔玛总是能够最早得到市场上最希望看到的商品，当别的零售商正在等待供货商的产品目录或者商谈合同时，沃尔玛的货架上已经开始热销这款产品了。其次，沃尔玛高水准的客户服务能够做到及时地将消费者的意见反馈给厂商，并帮助厂商对产品进行改进和完善。过去，商业零售企业只是作为中间人，将商品从生产厂商传递到消费者手里，反过来再将消费者的意见通过电话或书面形式反馈到厂商那里。看起来沃尔玛并没有独到之处，但是结果却差异很大。原因就在于，沃尔玛能够参与到上游厂商的生产计划和控制中去，因此能够将消费者的意见迅速反映到生产中，而不是简单地充当二传手或者传声筒。

沃尔玛的思路并不复杂，但多数商业企业更多的是"充当厂商和消费者的桥梁"，缺乏参与和控制生产的能力。也就是说，沃尔玛的模式已经跨越了企业内部管理和与外界"沟通"的范畴，而是形成了以自身为链主，链接生产厂商与顾客的全球供应链。而这一供应链正是通过先进的信息技术来保障的，这就是它的一整套先进的供应链管理系统。离开了统一、集中、实时监控的供应链管理系统，沃尔玛的直接"控制生产"和高水准的"客户服务"将无从谈起。

（3）相互协作的双赢理念。

在传统的企业运营中，供销之间互不相干，是一种敌对争利的关系，系统协调性差。企业和各供应商没有协调一致的计划，每个部门各搞一套，只顾安排自己的活动，影响整体最优。与供应商和经销商都缺乏合作的战略伙伴关系，且往往从短期效益出发，挑起供应商之间的价格竞争，失去了供应商的信任与合作基础。当市场形势好时对经销商态度傲慢，当市场形势不好时又企图将损失转嫁给经销商，因此得不到经销商的信任与合作。而在供应链管理的模式下，所有环节都看作一个整体，链上的企业除了自身的利益外，还应该一同去追求整体的竞争力和盈利能力。因为最终客户选择一件产品，整条供应链上所有成员都受益；如果最终客户不要这件产品，则整条供应链上的成员都会受损失。可以说，合作是供应链与供应链之间竞争的一个关键。

在供应链管理中，不但有双赢理念，更重要的是通过技术手段把理念形态落实到操作实务上。关键在于将企业内部供应链与外部的供应商和用户集成起来，形成一个集成化的供应链。而与主要供应商和用户建立良好的合作伙伴关系，即所谓的供应链合作关系，是集成化供应链管理的关键。此阶段企业要特别注重战略伙伴关系管理，管理的重点是以面向供应商和用户取代面向产品，增加与主要供应商和用户的联系，增进相互之间的了解（产品、工艺、组织、企业文化等），相互之间保持一定的一致性，实现信息共享等。企业应通过为用户提供与竞争者不同的产品和服务或增值的信息而获利。供应商管理库存和共同计划、预测与库存补充的应用就是企业转向改善、建立良好的合作伙伴关系的典型例子。通过建立良好的合作伙伴关系，企业就可以更好地与用户、供应商和服务提供商实现集成和合作，共同在预测、产品设计、生产、运输计划和竞争策略等方面设计和控制整个供应链的运作。对于主要用户，企业一般建立以用户为核心的小组，这样的小组具有不同职能领域的功能，从而更好地为主要用户提供有针对性的服务。

（4）优化信息流程。

信息流程是企业内员工、客户和供货商的沟通过程，以前只能以电话、传真，甚至见面达成信息交流的目的，而如今能利用电子商务、电子邮件，甚至互联网进行信息交流，虽然手段不同，但内容并没有改变。而计算机信息系统的优势在于其自动化操作和处理大量数据的能力，使信息流通速度加快，同时减少失误。然而，信息系统只是支持业务过程的工具，企业本身的商业模式决定着信息系统的架构模式。

为了适应供应链管理的优化，必须从与生产产品有关的第一层供应商开始，环环相扣，直到货物到达最终用户手中，真正按链的特性改造企业业务流程，使各个节点企业都具有处理物流和信息流的自组织和自适应能力。要形成贯穿供应链的分布数据库的信息集成，从而集中协调不同企业的关键数据。所谓关键数据，是指订货预测、库存状态、缺货情况、生产计划、运输安排、在途物资等数据。

为便于管理人员迅速、准确地获得各种信息，应该充分利用电子数据交换（EDI）、Internet 等技术手段，实现供应链的分布数据库信息集成，达到共享采购订单的电子接收与发送、多位置库存控制、批量和系列号跟踪、周期盘点等重要信息。

1.4.5.3　供应链管理的难点

供应链的运行环境是不确定的，需要针对不确定性进行管理，这使得供应链管理目标的实现更加困难。供应链管理的难点分析如下。

（1）供应链是一个复杂的网络。其涉及的地理上的范围很分散，很多情况下是一个全球性的网络。例如，生产一批服装，可能从俄罗斯购买纱布，在中国进行纺织和染色，然后再运送到泰国进行最后的缝制，使用的拉链及扣子可能是韩国的。

（2）供应链中的不同环节通常有不同甚至相互冲突的目标。供应链由众多的成员（节点）构成，且各成员（基于自己的目标及利益追求）间存在冲突。例如，供应商显然希望制造商能够保持稳定并大量地采购，同时交货时间可以灵活一些。不幸的是，尽管大多数制造商希望实施稳定长期的生产过程，但是它们更需要灵活性，以满足顾客的需要和不断变化的需求。因此，供应商的目标将与制造商对灵活性的期望有直接的冲突。事实上，由于生产决策的制定往往缺少关于顾客需求的准确信息，因此制造商匹配供应和需求的能力取决于当需求信息到达时改变供应量的能力。类似地，制造商大批量生产的目标与仓库和配送中心降低库存的目标存在冲突。更糟的是，降低库存水平的目标意味着运输成本的增加。

（3）供应链是一个动态系统。实际上，不仅是顾客需求和供应商能力会随时间变化，供应链关系也会随时间不断变化。例如，顾客能力的增加，迫使制造商和供应商制造出各种各样高质量的产品，最终的趋势是生产定制产品。

（4）供应与需求相匹配是一种挑战。即便可以精确地获知需求（如合约协定），计划过程仍需要考虑由于季节波动、潮流、广告与促销、竞争者定价策略等造成的影响，以及需求和成本参数随时间的变化。这些随时间变化的需求和成本参数，使得确定能使系统成本最小化并满足顾客需求的有效供应链策略变得困难。

1.4.6　供应链管理策略

1.4.6.1　建立健全供应链管理体制

企业供应链管理，并不是一朝一夕的工作，而是一项非常烦琐的核心工作。在具体管理过程中，企业应该摒弃旧思想，树立全新的管理思想观念，故步自封只会限制企业的发展，只有通力协作，始终秉承开放合作的理念，才能助推企业发展，以顺应时代发展的潮流，确保企业的可持续发展。在此过程中，对企业内部管理工作者提出了更高要求，要求其不仅要有前沿的经营管理思想，同时也要具有较高的综合品质。企业发展中要重视人事部门的工作，不断引进专业的管理人才，以及对现有管理人员进行培训，提升其综合能力水平。同时，企业应对业务流程进行优化，严格区分核心业务和一般业务，关注核心业务，转移外包一般业务，分清孰轻孰重，从而获取重要业务的争取优势。另外，对企业组织结构进行重整，对业务流程进行重新规划，使供应链中的重要阶段得到改良，简化供应链，以降低管理成本，提高效益。与此同时，对成本制度、财务制度、人力资源制度等进行不断革新，并提供基础资金的支持，以确保供应链的有序运行，降低供应链管理过程中发生问题的概率，以实现收益的稳步提升。

1.4.6.2　提升企业信息化水平

企业信息化管理对供应链管理水平的提升起着促进作用，通过利用信息化管理能够实现信息化的集成，实现信息资源的共享，有效促进各企业间的信息交流沟通，使企业之间的配合更加默契，同时也简化了供应商与客户间的商务流程，使得管理流程更加专业化和规范化。在物联网经济一

体化发展的过程中，信息资源不是静态的，而是具有动态性，所以在企业
供应链管理过程中更要加强对信息及时性的关注，及时获取信息资源，之
后第一时间进行分析处理，以确保信息更新的及时性，从而更好地服务于
企业决策的制定。所以，在供应链管理中，信息技术是基础内容，同样也
是企业进行管理的重要内容，所以企业更要加大供应链管理的信息化、自
动化、智能化和数字化，利用信息化操作提升企业的信息化管理水平。

1.4.6.3 加强企业内部供应链管理

企业内部供应链的管理，是供应链管理中的基础内容，加强内部供应
链管理，是完善企业供应链的有效途径。具体应从以下三点着手：第一，
准确完成需求计划预测，通过对历史数据的分析，预测市场的发展走向，
从而更好地服务于企业的经营管理。第二，科学地管理库存，由于市场的
发展存在着诸多不确定性因素，需求计划也会因此受到影响，而科学地管
理库存能够有效缓解这一问题，由此确保供应链的平稳运行。第三，加大
内部供应链的执行力度，针对需求计划及库存计划，要尽可能缩短时间周
期，从而有效规避一些不确定因素的发生所导致的偏差，确保供应链的
完整。

1.5 供应链管理与物流管理的区别

供应链管理源于物流管理，但其内涵和外延又超越了物流管理①，两者
之间既有区别又有联系。从概念的内涵和外延来看，供应链管理涉及生产
领域和流通领域，而物流管理主要集中于物资流通过程的管理；物流管理
只整合了物流和信息流，供应链管理进一步将商流和资金流整合在一起。
可以说，供应链管理包含物流管理，物流管理是供应链管理的重要组成部
分，是供应链管理的一个子集。另外，从目标导向来看，物流管理的目标

---

① 我们在这里谈的物流管理是企业物流，而非宏观物流和社会大物流。

是以最低的成本产出最优质的服务，对于不存在供应链管理环境的企业来讲，企业间是简单的业务合作关系，物流管理是为实现单个企业的战略目标服务的；对于供应链管理环境下的企业，合作企业之间是战略伙伴、战略联盟的关系，这时的物流管理实际上是供应链物流管理，是以供应链目标为指导，实现企业内部物流和接口物流的同步优化。供应链管理是将供应链上所有节点的企业作为一个整体，以提升整条供应链运作绩效为导向，目标是提升客户价值和客户满意度，实现供应链成员共赢，获取供应链整体竞争优势。

第 2 章

电子商务与供应链管理

2.1　电子商务

20 世纪 70 年代末期电子商务开始萌芽，电子商务具有一些传统的贸易方式所没有的特征，比如，开放性、全球性、低成本等，作为一种新的销售形式所具有的价值是传统方式所不能比拟的。截至目前，电子商务呈现多种形式，比如，"B2C""B2B""C2C"等。相对来说，早期的电子商务安全性高，主要是因为当时是通过网线在专用网络上实现。近年来，网络技术的飞速发展，以及经济的深入发展使得电子商务的虚拟化、数字化、匿名化、无国界支付方式电子化得以实现，也成为专家研究的热点。

2.1.1　电子商务的定义

电子商务是什么？电子商务（electronic commerce）指的是一系列针对产品和服务的在线商务活动。它还适用于任何形式的商业交易，在这种交易中，双方借助网络进行交流互动，而不是直接面对面进行物品交换。电子商务，一般来说，通过互联网进行商品交换活动，实际上就是对产品的所有权或使用权进行交易或者提供某种服务。

虽然这一定义很流行，但它不够全面，无法捕捉这一革命性的新商业现象的最新发展。更全面地看，电子商务实际上是一种价值交换，是在商业交易中使用电子通信和数字信息处理技术来创建、转换和重新定义组织之间、组织与个人之间创造价值的关系。电子商务涉及通过电子媒介进行的商品和服务交易。B2B、B2C、C2C 和类似的机会帮助消费者市场开发电子基础设施，以应对未来的挑战。电子商务已经彻底改变了商业模式，改变了与互联网（网络）的竞争格局，计算机通信网络为消费者和企业创造了一个电子商务市场。随着互联网和基于网络的技术的发展，传统市场和全球电子市场之间的区别，例如商业资本规模等，正在逐渐缩小。

虽然有些人会互换使用"e-commerce"和"e-business"，但它们是截然不同的概念。在"e-commerce"中，信息和通信技术（ICT）用于企业间或组织间交易（企业/组织之间的交易）和企业对消费者的交易（企业/组织和个人之间的交易）。在"e-business"中，ICT 被用来增强业务。它包括商业组织（营利实体、政府或非营利实体）通过计算机中介网络进行的任何流程。电子商务的一个更全面的定义是"通过应用新经济的技术、理念和计算范式，转变组织的流程，以提供额外的客户价值"。

电子商务是运用现代通信技术、计算机和网络技术进行的一种社会经济形态，其目的是通过降低社会经营成本，提高社会生产效率、优化社会资源配置，从而实现社会财富的最大化利用。因此，电子商务是一种新的社会经济形态。

网络是人类社会劳动、生活、学习的新工具，它通过影响人类通信与交往方式，间接地对传统经济领域的生产、交换、分配和消费方式产生影响，直到渗透、改造、重塑传统经济的运行模式，以及社会经济价值标准与增值方式。因此，电子商务是一个泛社会化的概念，电子商务的发展是一个从基础应用入手、循序渐进地推而广之，最终实现普遍应用的发展过程。

2.1.2　电子商务的分类

电子商务经过 20 多年的发展，目前已经相对成熟，甚至系统越来越庞大复杂，人们对电子商务的认识也随着电子商务本身的发展变化而越来越深入。分类是人们认识事物的一种方法，也是一种管理事物的能力。电子商务的概念和内涵相当丰富和繁杂，通过分类的方法对其加以梳理，可以让人们对电子商务有更深入的认识。

付蕾、王蓓（2014）在其主编的《电子商务基础与实务》一书中，从三个方面对电子商务做出如下分类：（1）按照交易对象分为 B2B、B2C、C2C、B2G、C2G、G2G 六类；（2）按照商务活动内容分为间接电子商务（指有形货物的电子商务）和直接电子商务（指无形货物和服务的电子商务）两类；（3）按照使用网络分为 EDI、因特网（Internet）电子商务、内联网（Intranet）电子商务和移动电子商务四类。

戴建中（2016）在其编著的《电子商务概论》（第3版）一书中，将电子商务交易模式分为 B2C、B2B、C2C、B2G、O2O 五类。

陈玲（2017）在其主编的《电子商务概论》一书中，从四个方面对电子商务进行了分类：（1）按照商业活动的运作方式分为完全电子商务和非完全电子商务两类；（2）按照开展电子交易的范围分为本地电子商务、远程国内电子商务和全球电子商务三类；（3）按照使用网络的类型分为 EDI、国际互联网（Internet）商务、企业内部网（Intranet）商务和企业外部网（Extranet）商务四类；（4）按照电子商务活动的交易对象分为 B2B、B2C、B2G、C2C 四类。

阿里巴巴商学院（2019）在其《电商运营》一书中，将电子商务的主要表现形式（模式）分为 B2B、B2C、C2C、O2O 四类。B2B 又分为综合模式、垂直模式、自建模式和关联模式；B2C 又分为综合 B2C、垂直 B2C 和直销型 B2C。

但是关于电子商务的分类，并未形成明显统一的认识和分类体系。比较多地被人们认可的一种分类是按照交易主体，将电子商务分为 B2B、B2C、C2C。有些研究者会提到 C2B 模式，但是有学者认为这是一种理念，强调以消费者需求为导向，以消费者为中心。也有些会将政府机构包括进来，提到 B2G、G2B、C2G、G2C 等，可以说这些属于电子政务的范畴。有些研究者将 O2O 跟前面几种类别相提并论，笔者认为不太合适，很明显 O2O 跟前面几种分类方式是不同，它的两个记号 O 并不是交易主体。O2O 其实也是一种理念，强调线上线下融合。

因此，本书主要考虑到按交易主体的分类方式，详细介绍以下四种主要的电子商务类型。

2.1.2.1　B2B 电子商务

企业对企业（business-to-business，B2B）的电子商务简单地定义为公司之间的电子商务。这是一种处理企业之间关系的电子商务。大约 80% 的电子商务是这种类型的，大多数专家预测 B2B 电子商务将继续以比 B2C 电子商务更快的速度增长。B2B 市场有两个主要组成部分：电子结构（e-frastructure）和电子市场（e-market）。

e-market 被简单地定义为买卖双方互动并进行交易的网站。e-frastructure 是 B2B 的架构，主要包括以下内容：

（1）物流——运输、仓储和配送（例如，宝洁（Procter and Gamble））；

（2）应用服务提供商——部署、托管和管理来自中央设施的打包软件（例如，Oracle and Link share）；

（3）电子商务过程中的功能外包，如网络托管、安全和客户服务解决方案（例如，外包提供商，如电子共享、网络销售、iXL 企业和通用接入）；

（4）用于在互联网上操作和维护实时拍卖的拍卖解决方案软件（例如，Moai 技术和开放式网站技术）；

（5）用于促进网站内容管理和交付的内容管理软件（例如，Interwoven 和 Procure Net）；

（6）基于 Web 的商务使能器（例如，Commerce One，一种基于浏览器、支持 XML 的采购自动化软件）。

2.1.2.2　B2C 电子商务

企业对消费者（business-to-consumer，B2C）的电子商务，或公司与消费者之间的商务，涉及客户收集信息；购买实物（如书籍或消费品等有形物品）或信息商品（电子材料或数字化内容的商品，如软件或电子书）；对于信息产品，通过电子网络接收产品。B2C 电子商务通过增加消费者对信息的访问，并允许消费者为产品或服务找到最具竞争力的价格，从而降低交易成本（尤其是搜索成本）。B2C 电子商务还降低了市场进入壁垒，因为建立和维护网站的成本比为公司安装"实体"结构要便宜得多。就信息商品而言，B2C 电子商务更具吸引力，因为它使企业不必考虑物流网络的额外成本。此外，对于互联网人口不断增长和强大的国家来说，提供信息商品变得越来越可行。

2.1.2.3　B2G 电子商务

企业对政府（business-to-government，B2G）的电子商务通常被定义为公司与公共部门之间的商务。它指的是利用互联网进行公共采购、许可程序和其他与政府相关的操作。这种电子商务有两个特点：第一，公共部门在建立电子商务方面发挥试点/主导作用；第二，假设公共部门最需要使其采购系统更有效。基于网络的采购政策提高了采购过程的透明度（并降低了违规行为的风险）。然而，到目前为止，B2G 电子商务市场作为整个电子商务的一个组成部分的规模微不足道，因为政府电子采购系统仍然不发达。

2.1.2.4　C2C 电子商务

消费者对消费者（consumer-to-consumer，C2C）的电子商务或 C2C 只是个人或消费者之间的商务。这种类型电子商务的特点是电子市场和在线拍卖的增长，尤其是在垂直行业中，公司或者企业可以从多个供应商中竞标他们想要的产品。消费者对企业（C2B）交易涉及反向拍卖，这使消费者能够推动交易。例如，航空公司会根据旅客身份职位的不同提供最好的旅行和机票优惠。易贝（eBay）和纳普斯特（Napster）等热门 C2C 网站的数据表明，C2C 的市场规模相当大，每天产生的销售额达数百万美元。

2.1.3　中国电子商务的发展特点和趋势

最近几年来，伴随信息技术的飞速发展，我国互联网引起广泛关注，网民数量与日俱增，与此同时，电子商务如雨后春笋般涌现出来，并迅速成为社会发展潮流。在这种时代背景下，电子商务服务行业已发展成为推动商业基础设施建设强有力的支柱，同时为国民经济的发展奠定基础，具有较为深刻的时代意义。创建与电子商务发展相适应的标准体系，有效消除"经济鸿沟"已成为影响电子商务日后发展的重要因素。尽管国内电子商务起始时间短，但发展速度快。以下主要是对电子商务发展具备的特征以及趋势展开的论述和分析。在信息技术迅速发展时期，国内电子商务行业得到蓬勃发展。

2.1.3.1　国内电子商务的发展特征

在政府的大力扶持下，电子商务高速增长。目前，党中央和相关部门对电子商务的发展比较重视，颁布了扶持电子商务服务行业的政策。电子商务具有规模大、发展速度快等特征。在《电子商务"十三五"发展规划》中，确立了 2020 年电子商务交易额超过 40 万亿元、网络零售总额达到 10 万亿元左右、相关从业者超过 5000 万人三个具体发展指标。一方面，电子商务全面融入国民经济各领域，推动形成全球协作的国际电子商务大市场，成为经济增长和新旧动能转换的关键动力；另一方面，电子商务要全面覆盖社会发展各领域，电子商务带动教育、医疗、文化、旅游等社会事业创新发展，成为促进就业、改善民生、惠及城乡的重要平台。

"互联网＋"快速推动制造产业的升级转型。毫无疑问，制造业在国民经济中占据主导地位，推动了社会的发展和进步，更满足了国内各行各业的发展要求。因而，需要对制造行业进行升级转型。"互联网＋"不仅可以简化交易流程，同时还能将互联网技术应用于制造业中，实现了网络信息资源的共享，提升制造业的核心竞争力。比如，腾讯云联合重工业，创建工业云平台，顾名思义是指借助腾讯云将全国各地的设备接入平台，随时收集将近一万个运行参数，同时应用云计算、大数据对设备群进行管理，缩短设备维修时间，并在一天之内完成，这在一定程度上可以减少库存。由此可见，"互联网＋"已成为国内传统行业进行转型升级的有效途径。

电商巨头和零售单位探索"新零售"模式。对零售行业来说，不管是传统行业还是电子商务行业，在大的市场环境下都需要进行改革和创新。马云首次提出"新零售"，各个行业和电商巨头都积极探索"新零售"方式，其中，实体店销售也开始进行创新，转型为"新零售"。比如，"双十一"购物节，全面展示了新零售的特点，实现了线上、线下融为一体的境界。11月11日这一天，成千上万个门店通过线上、线下参与其中。

跨境电商努力创建供应链。据中国国际电子商务中心（CIECC）统计，从2016年至2019年下半年，国内跨境电子商务增长率达到30.2%，截至2019年12月，电子商务的交易总额达到13万亿元。上述数据显示出，最近几年跨境电商推动了我国国际贸易的发展。为进一步提升竞争力，许多跨境电商纷纷创建供应链，拓展产业上下游业务，积极整合业务资源，交易双方努力实现一站式服务，如物流、金融贸易等。这对跨境电商单位而言，供应链的整合必将成为社会发展趋势。

2.1.3.2 国内电子商务的发展趋势

电子商务常态发展。在《新电商时代》中，易观"互联网＋"研究院指出中国已进入新电商阶段。所谓新电商是指实体企业采用数字化工具，在与粉丝聊天过程中进行营销，在上述过程中，实现了多个场景的价值，使其更具商业化。当然，不论是"新零售"，还是"新电商"，都表明中国已全面进入电商时代。

变革新零售的流通领域，完成实体零售行业的转型。为实现实体零售行业的转型，首要任务必须把握零售行业的发展方向，明确其目标和任务。改革零售流通领域是非常有必要的，从而稳步推进对产品供给结构的创新，真正实现实体零售的转型升级。例如，国美提出线上线下新零售模式，从产品端、平台端到服务端，从而实现利益最大化。

融合互联网技术和相关产业，实现产业互联网化。现如今，伴随互联网技术的发展，云计算、大数据等技术应运而生，为进一步实现产业和互联网技术的融合，使其成为"产业＋互联网"发展趋势，全面将工业模式的供应链向互联网模式进行创新。例如，阿里巴巴在2015年发布云市场中的产品与服务，采集了超过50多个行业的方案，覆盖范围广，涉及领域多，如游戏、政治、外交等，服务大量客户。尤其是在"新零售"兴起的今天，虚拟现实技术、人工智能技术、语音技术等技术进入大众视野，彻底颠覆了传统行业的经营模式，实现在线购物、搭建场景等体验，从而全面升级商业模式和服务方式。电子商务行业的发展实现了经济效益和社会效益的统一，全面解剖了新零售的定义以及电商的服务范围，这要求电子商务行业必须把握市场发展方向，全面推动电商的全新发展。

线上购买线下体验式发展。从长期看，新基建将成为支撑经济社会数字化、网络化、智能化转型的关键所在。以新基建为依托连接线上线下推进全链条产业数字化，形成全口径数据闭环，拓展 5G、人工智能等应用场景，形成万物互联、人机交互、天地一体的网络空间，推动供给侧结构性改革，把居民消费需求转化为切切实实的购买力。后疫情时代，"宅经济盛行"，将迈向智能互联主导的"智能 +"消费时代。5G 新直播建立内容营销以及社群营销生态软性触达机制聚焦于共同喜好和利益诉求，沟通网络营销带动实体店发展和体验模式引领线上团购，实现互联网经济与实体经济联动发展。

国内国际双循环轨道发展。以国内大循环为主体、国内国际双循环相互促进的新发展格局是在疫情下我国制造业焕发出创造力、生命力以及应变能力的沉思，也是应对不确定性、复杂化、多变性的国际环境的审时度势。自建或联合外部投放平台、投资或加深与营销服务商合作的横向拓展，达成产业电商平台和其他媒体平台的资源深入联合增加站外流量触达点的纵向延伸，实现培育新动能、高质量发展。实现电商平台内容化和内容平台电商化，进一步梳理整合国内资源，提升"一带一路"协同建设质量，深化中国与东欧各国的贸易合作。

2.2　电子商务中的供应链管理

2.2.1　供应链管理

供应链管理（supply chain management，SCM），就是指在满足一定的客户服务水平的条件下，为了使整个供应链系统成本达到最小而把供应商、制造商、仓库、配送中心和渠道商等有效地组织在一起来进行的产品制造、转运、分销及销售的管理方法。供应链管理包括计划、采购、制造、配送、退货五大基本内容。

（1）计划。这是 SCM 的策略性部分。首先需要有一个策略来管理所有的资源，以满足客户对产品的需求。好的计划是建立一系列的方法监控供应链，使它能够有效、低成本地为顾客递送高质量和高价值的产品或服务。

（2）采购。选择能为产品和服务提供货品和服务的供应商，与供应商建立定价、配送和付款流程并创造方法监控和改善管理，并把对供应商提供的货品和服务的管理流程结合起来，包括提货、核实货单、转送货物到制造部门并批准对供应商的付款等。

（3）制造。安排生产、测试、打包和准备送货所需的活动，是供应链中测量内容最多的部分，包括质量水平、产品产量和工人的生产效率等的测量。

（4）配送。很多从业人员称之为"物流"，是调整用户的订单收据、建立仓库网络、派递送人员提货并送货到顾客手中、建立货品计价系统、接收付款。

（5）退货。这是供应链中的问题处理部分。建立网络接收客户退回的次品和多余产品，并在客户使用产品出问题时提供支持。

现代商业环境给企业带来了巨大的压力，不仅是销售产品，还要为客户和消费者提供满意的服务，从而提高客户的满意度，让其产生幸福感。科特勒表示："顾客就是上帝，没有他们，企业就不能生存。一切计划都必须围绕挽留顾客、满足顾客进行。"要在国内和国际市场上赢得客户，必然要求供应链企业能快速、敏捷、灵活和协作地响应客户的需求。

供应链主要是指由供应商和制造商以及仓库和配送中心等所组成的物流网，其类型主要分为三类：一是基于客户需求的供应链；二是基于销售的供应链；三是基于产品的供应链。供应链管理则是指调整和完善供应链活动，供应链管理对象便是供应链组织以及期间产生的"流"，集成和协同是核心应用手段，最为主要的目标便是满足客户需求，之后在此基础上强化供应链整体竞争水平。供应链管理的实质便是深入供应链体系之中，囊括不同增值选项，将客户所需产品在正确的时间点，根据正确的数量和优质的质量、合理的状态，最终送达指定目的地，最大限度地降低经济成本。

2.2.2　供应链管理的特点

今天的市场是买方市场，也是竞争日益激烈的全球化市场。企业要想在市场上生存，除了要努力提高产品的质量之外，还要对它在市场上的活动采取更加先进、更加高效的管理运作方式。供应链管理就是在这样的现实情况下出现的，很多学者也对供应链管理给出了定义，但是在诸多定义中比较全面的应该是这一条：供应链管理是以市场和客户需求为导向，在核心企业协调下，本着共赢原则，以提高竞争力、市场占有率、客户满意度、获取最大利润为目标，以协同商务、协同竞争为商业运作模式，通过运用现代企业管理技术、信息技术和集成技术，达到对整个供应链上的信息流、物流、资金流、业务流和价值流的有效规划和控制，从而将客户、供应商、制造商、销售商、服务商等合作伙伴连成一个完整的网状结构，形成一个极具竞争力的战略联盟。简单地说，供应链管理就是优化和改进供应链活动，对象是供应链组织和它们之间的"流"，应用的方法是集成和协同；目标是满足客户的需求，最终提高供应链的整体竞争能力。供应链管理的实质是深入供应链的各个增值环节将顾客所需的正确产品（right product）能够在正确的时间（right time），按照正确的数量（right quantity）、正确的质量（right quality）和正确的状态（right status）送到正确的地点（right place），即"6R"，并使总成本最小。

供应链管理是一种先进的管理理念，它的先进性体现在是以顾客和最终消费者为经营导向的，以满足顾客和消费者的最终期望来生产和供应的。除此之外，供应链管理还有以下四种特点。

第一，供应链管理把所有节点企业看作一个整体，实现全过程的战略管理。传统的管理模式往往以企业的职能部门为基础，但由于各企业之间以及企业内部职能部门之间的性质、目标不同，造成相互的矛盾和利益冲突，各企业之间以及企业内部职能部门之间无法完全发挥其职能效率，因而很难实现整体目标化。供应链是由供应商、制造商、分销商、销售商、客户和服务商组成的网状结构。链中各环节不是彼此分割的，而是环环相扣的一个有机整体。供应链管理把物流、信息流、资金流、业务流和价值流的管理贯穿于供应链的全过程。它覆盖了整个物流，从原材料和零部件的采购与供应、产品制造、运输与仓储到销售等各种职能领域。它要求各节点企业之间实现信息共享、风险共担、利益共存，并从战略的高度来认识供应链管理的重要性和必要性，从而真正实现整体的有效管理。

第二，供应链管理是一种集成化的管理模式。供应链管理的关键是采用集成的思想和方法。它是一种从供应商开始，经由制造商、分销商、零售商，直到最终客户的全要素、全过程的集成化管理模式，是一种新的管理策略，它把不同的企业集成起来以增加整个供应链的效率，注重的是企业之间的合作，以达到全局最优。

第三，供应链管理提出了全新的库存观念。传统的库存思想认为，库存是维系生产与销售的必要措施，是一种必要的成本。因此，供应链管理使企业与其上下游企业之间在不同的市场环境下实现了库存的转移，降低了企业的库存成本。这也要求供应链上的各个企业成员建立战略合作关系，通过快速反应降低库存总成本。

第四，供应链管理以最终客户为中心，这也是供应链管理的经营导向。无论构成供应链的节点的企业数量有多少，也无论供应链节点企业的类型、层次有多少，供应链的形成都是以客户和最终消费者的需求为导向的。正是由于有了客户和最终消费者的需求，才有了供应链的存在。而且，也只有让客户和最终消费者的需求得到满足，才能有供应链的更大发展。

通过对供应链管理的概念与特点的分析，我们可以知道，相对于旧的依赖自然资源、资金和新产品技术的传统管理模式，以最终客户为中心，将客户服务、客户满意、客户成功作为管理出发点的供应链管理的确具有多方面的优势。但是由于供应链是一种网状结构，一旦某一局部出现问题，它会马上扩散到全局，所以在供应链管理的运作过程中就要求各个企业成员对市场信息的收集与反馈要及时、准确，以做到快速反应，降低企业损失。而要做到这些，供应链管理还要有先进的信息系统和强大的信息技术作为支撑。

2.2.3　电子商务供应链管理

传统的供应链管理仅仅是一个横向的集成，通过通信介质将预先指定的供应商、制造商、分销商、零售商和客户依次联系起来。这种供应链侧重于内部联系，灵活性差，仅限于点到点的集成，如图 2－1 所示。

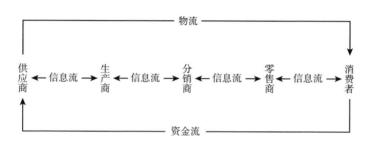

图 2－1　传统的供应链管理

而现代电子商务供应链管理则是以信息技术为基础，通过互联网络将各企业实体紧密联系并充分实现信息共享和信息交互，这不仅仅是一个简单的横向集成，而是一个更为广泛、高效的供应链协同管理。图 2－2 为京东的供应链管理模式，京东自营是自己建仓库，搭建自己的物流体系，从供应商那里采购商品。

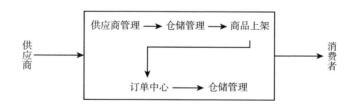

图 2－2　京东模式下的供应链管理

（1）京东通过供应商管理，发起采购计划，把商品采购到自有仓库。

（2）仓储系统收到货物后进行入库，根据仓库的仓位把商品全部入库。

（3）平台的商品管理会根据采购货物进行商品的信息录入和上架销售。

（4）订单中心收到订单后，会对订单按照业务规则进行处理，处理完后推送至仓储系统。

（5）仓储系统会根据订单信息进行拣货、出库，最后交给物流配送。

（6）物流送给消费者。

京东第三方商家的另一种模式为：京东第三方商家通过入驻京东，利用京东这个平台，采用第三方物流将货送给消费者，如图 2 - 3 所示。

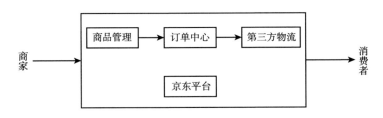

图 2 - 3　第三方商家模式下的供应链

（1）商家提交资料入驻京东平台，审核通过后即可销售商品。

（2）商家通过商品管理进行商品信息和库存的录入，并进行销售。

（3）订单中心在收到订单后，按照订单业务规则处理后，推送给商家后台。

（4）商家根据订单信息，通过第三方物流进行发货。

（5）商品通过物流送给消费者。

供应链管理模式要求突破传统的计划、采购、生产、分销的范畴和障碍，把企业内部及供应链节点企业间的各种业务看作一个整体功能过程，通过有效协调供应链中的信息流、物流、资金流，将企业内部的供应链与企业的供应链有机地集成，以适应新竞争环境下市场对企业生产和管理运作提出的高质量、高柔性和低成本的要求。

电子商务的兴起是一场由技术手段飞速发展而引发的商品运作模式的革命，它改变了传统经济活动的生存基础、运作方式和管理机制，因而对供应链管理产生了深远的影响。电子商务环境下的现代供应链运作的一个重要特点是通过及时、有效信息的传递，实时把握市场需求，并根据实际需求来确立相应的生产、经营和物流运作，因此电子商务为推动信息的有效传递和管理、发展电子物流乃至供应链管理奠定了基础。电子商务环境下供应链管理主要具有以下特点。

第一，管理信息化。当今市场在急剧变化，企业要想在激烈竞争的环境中取得持续发展，最主要的是要掌握用户需求的变化和在竞争中知己知彼。信息技术的应用是推进供应链系统中信息共享的关键，有利于改进整个供应链的信息精度、及时性和流动速度，被认为是提高供应链绩效的必要措施。因此，企业管理战略的一个重要内容就是制定供应链运作的信息支持平台，如集成条形码、数据库、电子订货系统、射频识别、电子数据交换、全球定位系统等信息交换技术和网络技术为一体，构建企业的供应链信息集成系统。

第二，横向一体化与网络化。"横向一体化"形成了一条从供应商到制造商再到分销商的贯穿所有企业的"链"；利用现代信息技术改造和集成业务流程，与供应商和客户建立协同的业务伙伴联盟。

第三，生产经营的敏捷柔性化。由于全球性市场竞争的加剧，单个企业已经难以依靠自己的资源进行自我调整，敏捷制造面对的是全球化激烈竞争的买方市场，采用可以快速重构的生产单元构成的扁平组织结构，以充分自治的、分布式的协同工作代替金字塔式的多层管理结构，注重发挥人的创造性，变企业之间的生死竞争关系为"共赢"关系，强调信息的开放和共享、集成虚拟企业，而电子商务的兴起为实现敏捷制造提供了可能。

第四，物流系统化、专业化。在电子商务时代，物流上升为企业经营中重要的一环，其经营的绩效直接决定整体交易的完成和服务的水准，尤其是物流信息对于企业及时掌握市场需求和商品的流动具有举足轻重的作用，因此，物流活动必须综合起来，进行系统化管理。

2.2.4　电子商务与供应链管理的内在联系

当前，全球每天都会有数以亿计的交易活动产生，每笔交易均为供应链体系中紧密相连的业务活动，最为常见的就是虚拟市场和跨国客户需求分析、资源供给、科学安排、新产品研发、策略型资源获得、产品加工生产，诸如此类，均会被纳入全球化供应链管理范畴中。由上可知，由此所产生的信息量之庞大、之繁杂，管理难度必然比一般流程下的供应链管理更高。

电子商务供应链管理弥补了传统供应链管理的不足，它不再局限于企业内部，而是延伸到供应商和客户，甚至供应商的供应商和客户的客户，建立的是一种跨企业的协作，覆盖了从产品设计、需求预测、外协和外购、制造、分销、储运和客户服务等全过程。电子商务供应链管理通过电子商务手段，以 IT 信息技术为支撑，最大化以信息网络方式实现供应链环节中各企业的信息交换和协同工作，改造和整合企业的内部和外部业务流程，大大减少商品流通的中间环节，极大地促进供需双方的经济活动，加速整个社会的商品流通，从而实现整体上更为高效的生产、分销、销售和服务活动，有效地降低企业的生产成本，提高企业的工作效率和经济效益，增加企业的竞争能力。

（1）电子商务是供应链管理的集成驱动器。电子商务让供应链上的成员方可以紧密合作、积极交流，将供应链概念合理地进行延伸，供应商的供应商以及客户的客户都会从中受益。这是一种全球化的协作样态，所涉内容繁多，包含了需求预测内容和产品设计内容以及商品外购、服务客户等内容，为进行全球化供应链管理提供了技术支撑和发展平台，使得供应链管理朝向变得更加动态化和柔性化以及虚拟化，供应链管理持续竞争力倍增。

（2）供应链管理是电子商务发展的理论依据。企业建立电子商务模式，供应链管理概念的建立是第一位的，要以供应链管理理论作为核心依据，之后在此基础上使用新型技术模式进行崭新的管理方案制定，将供应链管理视为和电子商务相辅相成、相互影响的运行环境，并且要将供应链管理看作与电子商务密不可分的发展平台，这样才能实现全球化的电子商务发展。

（3）供应链管理和电子商务之间的整合。供应链管理的核心理念是放眼世界、放眼未来，立足于全球性的供应链体系，这给基于全球化发展方向的电子商务提供了一个优异的管理平台，让供应链管理不仅仅被限制在企业内部和区域里，而是形成慢慢延伸至全球化的一种供应链体系，最终形成一种跨企业合作模式和跨区域合作模式。电子商务和供应链管理，是企业提升竞争实力的法宝，需要在不断探索发现中去找寻渗透渠道、整合办法，最后渐入佳境。

全球化电子商务系统建立是大势所趋，以互联网和电子商务技术为根基，面对全球化供应链的信息沟通、处理的低投入、高产出的新平台出现，信息交流矛盾和资源共享问题才能够被一一化解，企业与企业之间的沟通协作也会变得更加融洽，存货效率会得以提升、资金流动也更加流畅。不仅如此，业务处理速度和客户需求响应速度也会双向提升。电子商务和供应链管理是提升企业市场竞争实力的"法宝"，在实践阶段，二者是相辅相成、相互促进的主要关系。

2.3　双渠道供应链

2.3.1　双渠道供应链的定义

电子商务的发展促使双渠道供应链应运而生。双渠道供应链是指制造商在进行商品销售时，采用两种或多种渠道，通常是指在传统销售渠道的基础上，增加网上销售渠道，建立线上线下销售渠道，形成两种有效融合的双渠道供应链模式，这种由同一制造商通过传统销售渠道和网络销售渠道两种渠道同时进行商品销售的供应链网络称为双渠道供应链。

在双渠道供应链中，一方面，制造商可以通过传统销售模式，将产品直接供应给供应链下游传统的经销商进行销售；另一方面，可以借助互联网平台进行电子营销，通过网上营销，制造商可以直接将产品卖给消费者，与消费者进行直接交流。通常情况下，网上销售平台不受时间、空间、地域等因素限制，且没有实体店，经营成本较低，因此随着电子信息技术的发展，线上销售渠道展现出了其特有的优势，同时也给传统销售渠道造成了较大的冲击，造成了消费市场的激烈竞争。随着时代的发展，越来越多的制造商和销售商逐渐适应社会发展大趋势，迫切需要有效融合的两种渠道的供应链销售模式。例如苏宁开通网上购物平台苏宁易购，而以线上销售为主体的京东等也纷纷开设京东小店等线下购物体验店，充分探索双渠道供应链之间的融合。

2.3.2 双渠道供应链的类型

从不同的角度可以对双渠道供应链进行多种分类。本章中主要对双渠道供应链主要参与者，即制造商、传统销售商和网络销售商，根据三者在供应链中的集中程度的区别，将双渠道供应链分为垂直整合结构、分散混合结构、部分整合双渠道结构、双渠道横向一体化结构四种类型。

2.3.2.1 垂直整合结构

垂直整合结构是指制造商一方面通过传统的零售分销渠道进行产品销售，另一方面通过自建网络销售渠道的方式进行产品销售。其结构如图 2-4 所示。

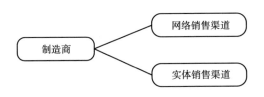

图 2-4 垂直整合结构

在图 2-4 中，实线代表制造商与两者的关系是趋于一体化的。在这种结构下，制造商作为两种销售方式的直接发起者和掌控者，无论是传统销售模式中的销售行为，还是线上销售行为，其主要供货渠道和产品价格都主要由制造商控制，无论哪种方式的销售行为都不会影响制造商的收益总数。此结构中，制造商掌握对网上零售和传统零售的绝对定价控制权，因此在此结构下，制造商能够有效控制两种渠道之间的价格和服务差异，缓解双渠道销售中的冲突。

2.3.2.2 分散混合结构

分散混合结构是指网络销售渠道和实体销售渠道都独立经营、销售产品，并且制造商与两种渠道并没有任何联系，其结构如图 2-5 所示。

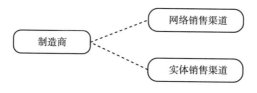

图 2 - 5　分散混合结构

在图 2 - 5 中，虚线代表制造商与两者是互相独立的关系。在这种结构模式下，网络销售渠道通常会与实体销售渠道展开激烈的价格、服务等方面的竞争，并且由于制造商与两者均为独立的关系，则制造商无法对两种渠道进行控制和协调。该模式下双渠道销售冲突比较常见。

2.3.2.3　部分整合双渠道结构

部分整合双渠道结构是指线上或线下的销售渠道都由制造商直接进行经营与管理。而依据制造商划分的不同销售渠道，该结构可分为两种形式，如图 2 - 6 所示。

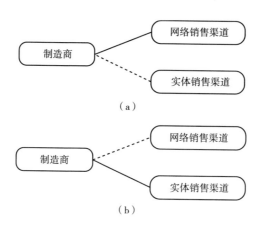

图 2 - 6　部分整合双渠道结构

图 2 - 6（a）中，网络销售渠道的建立主要由制造商掌控，而与传统的实体销售渠道没有任何的联系。在该结构下，为了保证线上线下销售渠道的良性竞争，制造商一般会采取一些方法控制销售产品的价格，与传统的销售渠道减少渠道的摩擦，维持零售商自身的利益。通常采用的方法有，

一是线上网络销售渠道仅提供产品信息内容，而并不直接进行销售，方便消费者更好地了解商品信息扩大销售需求；二是各种销售渠道采用统一定价。在该结构下，由于制造商的有意控制，会在一定程度上缓解各种渠道之间的冲突。

图2-6（b）中，制造商与网络销售渠道是没有任何联系的。在该结构下，线下销售渠道很难受到制造商的直接控制。甚至有些电子零售商会由于进货渠道的不同而在定价上有较大的差异，也可能出现电子零售商采购渠道限制而导致运行不畅，使得销售数量低于传统渠道的现象。

2.3.2.4 双渠道横向一体化结构

双渠道横向一体化结构是指网络销售渠道与实体销售渠道在关于产品的销售方面都是自主管理的，并且两者都与制造商无直接联系，但网络销售渠道和实体销售渠道有着直接联系，通常两种渠道被认为是一个业务单元，其结构如图2-7所示。

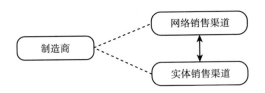

图2-7 双渠道横向一体化结构

在该结构中，网络销售渠道和实体销售渠道可互利共生，实体销售渠道可通过开辟网络销售渠道扩展市场份额，提高企业竞争力，此外，还可通过网络销售渠道将实体门店中的部分剩余库存、尾货等进行清理。在此结构下，决策者可根据两种渠道的特点和差异，通过科学合理的定价策略来实现利益最大化。

2.3.3 双渠道供应链的冲突

一方面，多种渠道能够为最终客户提供多种便捷的购物途径和优惠的价格，同时增加销售量和制造商的收益；但另一方面，由于传统零售商更多地视制造商自行开通的电子直销渠道为威胁，对制造商的这一举动充满敌意甚至抵抗，使得双渠道供应链成员间的冲突变得越来越突出。

　　双渠道供应链是在电子商务的影响下形成的，所以它既具备电子商务的网络特点，也具备传统零售模式的优势，它分别是由网络销售与传统线下销售这两条渠道组成，但它们所销售的商品都是由制造商提供，因此制造商在其中的地位又显得突出，而制造商又同销售商一样，需要面对广大消费者，这就有了交集点。由此可以看出，制造商所面向的客户是销售商与消费者，这就占据了核心点，使得制造商的一些决策会影响到销售商的运营。在双渠道供应链中，制造商与销售商所处的位置不同，那么他们的核心点与业务方向也会产生不同，因此在两种供应链上所应用的方案也会出现差异，这也就造成产品在这两种供应链上所体现的价格差异，但因为两者都会面向消费者群体，所以在不同之中会出现一些相似，在这个过程当中，随着市场的不断扩大可能会因消费者问题，两种渠道产生水平冲突。水平冲突有两大类，第一类主要来自横向的供应链竞争者，如不同供应链的零售商，属于不同供应链之间的竞争。在中国现有市场经济体制下较难规避，如图 2 - 8 所示。第二类为同一供应链内线上、线下两条渠道之间的竞争，如图 2 - 9 所示。

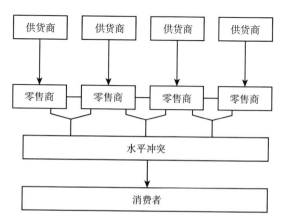

图 2 - 8　不同供应链的水平冲突

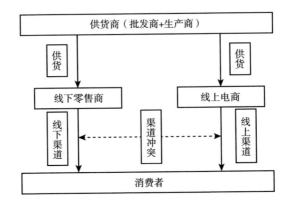

图 2 - 9　同一供应链不同渠道的水平冲突

形成水平冲突的原因主要有以下两点。

（1）价格差异。通常，线上和线下的产品价格是存在差异的，因为线下实体店铺的租赁费用、人员费用以及仓储费用较高，线下实体店铺需要将这部分成本附加在产品上转嫁给消费者，所以相同产品的线下价格一般会高于线上价格。线上的运营成本相对较低，可以使用较低的价格。在这种情况下，由于不同渠道的定价不同，消费者的购买水平也会有所不同，最终会导致所得利润不同。

（2）双重边际效应。一般双渠道供应链是由供货商、线上电商和线下零售商组成的。三者是上下游并且存在交叉的关系。在实施双渠道情况下，供货商可以决定线上电商和线下零售商的采购价格。这部分中间价格如果相对较高，供货商的利润能够提高，但是线上电商和线下零售商的成本也会提高，这将直接导致线下零售商面对终端消费者时为了自身利润能够确保持续运营，只能制定更高的零售价格。如果供货商在产品定价时保有了足够大的降价空间，让线上电商和线下零售商根据实际经营情况自行调剂，线下零售商同样会因为自身的运营成本相对较高，所能作出的让价幅度不及线上电商，导致市场竞争力不足，从而利润降低。

在双渠道供应链中，一方面，由于同一个渠道成员间目标的不相容，各自都以自身利益最大化而导致冲突，即出现供应链的双重边际效应；另一方面，由于制造商和零售商同时销售最终产品，服务共同的顾客，开展网络直销渠道将导致一部分传统渠道的客户转向网络渠道，进而导致双渠道销售不畅、市场紊乱，因此，制造商在提高自身利益的同时如何缓解渠道冲突就显得至关重要。

从双渠道供应链的框架可以看出，制造商与销售商产生了一个交集点，那就是消费者，网络销售与线下销售都需要将产品推销给消费者，但由于网络技术的便捷与受欢迎性，许多客户会由原来的线下销售渠道转向网络销售渠道，这会打破双渠道之间的平衡性，造成市场混乱，冲突加剧，达不到双渠道供应链的效果。另外，由于制造商与销售商所处的地位不一样，为使自己可以在方案应用中获得更多的优待，他们在同一渠道中也会发生冲突。因此，制造商与销售商要了解双渠道供应链中的框架，发挥好各自的作用，在保障自己利益的同时进行冲突的调节。制造商要做好决策，在产品价格方面做好合理化的调整，保证网络与线下销售价格差异的合理性，同时，在进行网络销售时要保障服务水平阶段性提高，做到良性竞争，使得制造商与销售商可以获得双赢，减缓矛盾冲突，为经济发展提供保障。

2.3.4　双渠道供应链协调契约

供应链契约又称供应链合同或合约，是指通过提供合适的信息和激励措施，保证买卖双方协调，优化销售渠道绩效的有关条款。即使供应链达不到最好的协调，也可能存在帕累托最优解，以保证每一方的利益至少不比原来差。同时一个由交易各方达成的具有法律效力的文件中，其中一方通常指供应商答应在一定的条件下如数量、质量、价格、送达时间、采购时间、信用条件和付款条件等向另一方提供商品或服务，而另一方通常指采购商或经销商根据契约的规定，包括契约的激励和惩罚因素，向另一方支付一定数量的报酬或者其他商品或服务。供应链契约是供应链协调机制实施的具体形式。

有效的供应链契约有两个主要的作用。首先是可降低供应链的总成本，降低库存水平，增强信息共享水平，改善节点企业相互之间的沟通交流，产生更大的竞争优势实现供应链绩效最优。其次是可实现风险共担。供应链中的不确定性包括市场需求、提前期、销售价格、质量、核心零部件的生产能力及研发投入等。契约是双方共担由各种不确定性带来风险的重要手段。供应链契约的本质是一种协调机制，通过改变供应链的协调结构，而使供应链达到协调运作状态。供应链契约是影响供应链整体绩效的重要因素。

供应链的协调策略最初是为了消除单一传统渠道时供应链成员分散决策时出现的"双重边际效应"。常见的协调契约有批发价契约、收益共享契约、数量折扣契约、二部定价契约、销售回扣契约、延迟支付能力契约、回购契约、风险分担契约和罚款条款契约等。鉴于双渠道实现协调需要考虑更多的因素，单一传统渠道时有效的协调契约不一定能实现双渠道供应链的协调，许多学者研究了这些契约在双渠道供应链中的应用。这种应用可以分为三种：单一契约的使用、改进的单一契约的使用和多种契约的组合使用。

2.4　供应链成员风险偏好

2.4.1　供应链风险

供应链系统是一个复杂的系统，其风险是很难界定的，不同学者从不同的角度来定义。斯文森（Svensson，2000）认为，原材料和零部件供应链不会是理想的状态，它与正常期望存在一定偏差，其产生的原因在于随机干扰的存在，而这些偏差对供应链的制造商和分销商会带来某种程度的负面影响。胡金环（2005）在研究供应链风险时，基于对供应链风险的突发性特征的考虑，认为供应链企业实际收益与预期收益存在偏差，而这些偏差是由各种无法预测的不确定因素引起的。马林（2004）对供应链风险的表述则是着眼于供应链的安全运行，所以他认为供应链风险是导致供应链网络失败和解体的不确定因素和意外事件，它们必然会对供应链的安全运行带来不利影响。这些观点认为是供应链企业内外部的不确定性因素和随机干扰破坏了供应链的正常运作并可能由此带来损失。保尔森（Paulsson，2004）指出，供应链风险就是不利于供应链安全稳定的特性、状态和意外事件，即脆弱性、混乱和干扰。丁伟东（2003）认为，供应链风险会给供应链上下游各个企业带来不良影响，导致整个供应链利益受损，它是一种潜在的威胁，会导致供应链系统变得脆弱。张存禄（2004）认为，供应链风险表现为供应链的脆弱性，多参与主体、跨地域、多环节是其主要特征，这些特征使得供应链比较脆弱，因为容易受到来自链上各实体内部不利因素以及外部环境带来的影响。这些观点强调供应链有潜在威胁，容易受到内外部不利因素的影响，从而给节点企业乃至整条供应链带来损害。

　　总结以上看法，供应链风险的基本含义如下：供应链风险的来源是各种不确定性因素的存在；由于供应链网络上的企业之间是相互依赖的，任何一个企业出现问题都有可能波及和影响其他企业，影响整个供应链的正常运作，甚至导致供应链的破裂和失败。

2.4.2　风险偏好概述

　　风险偏好反映了成员企业的风险管理理念，进而影响成员企业甚至是整个供应链的文化和经营风格。例如，具有风险追寻型的成员企业可能愿意把资源配置到较高的市场风险领域，而具有风险规避型的成员企业可能会仅仅投资于成熟的、稳定的市场，甚至也会为了规避风险愿意损失一部分期望收益，因此风险偏好与一个成员企业的发展战略直接相关，在供应链风险管理过程中应予以考虑。同时，在认识风险偏好后，我们也可以有效地对成员企业和供应链风险进行评估和监控，从而实现对供应链风险的有效管理，达到供应链的资源优化配置。

　　基于成员偏好的供应链至少包含两个成员，立足点在于成员偏好差异性对供应链风险水平变化的影响过程，故可以是由两个上下游企业所组成的二级供应链因成员偏好差异所引发的供应链风险，也可以是由多个企业所组成的多元供应链因成员偏好差异所引发的供应链风险。

基于成员偏好的供应链风险应当包括合作伙伴因偏好存在所带来的传染风险。供应链的自身组织结构决定了供应链风险具有显著的传染性特征。供应链的运营环节包括原料供应、产品开发、生产制造以及流通，其间有多个成员企业共同参与，根据流程时间的顺序，各环节的工作形成了并行或串行的混合网结构，其中某一项工作既可能由一个企业完成也可能由多个企业共同完成。因此，各环节环环相扣、彼此依赖和相互影响，任何一个环节出现问题，都可能波及其他环节，影响整个供应链的正常运作。由于成员企业风险偏好差异性的存在，使得各个成员企业在合作时选择不同的经营策略，这种经营策略或者措施最后通过企业间的交易活动进行体现。因此，以成员风险偏好为动因的风险就会以供应链风险的传染性为基础，以成员企业间的交易活动为媒介，在供应链上其他相关节点企业间进行传递，并利用供应链系统的联动性，对其造成破坏，继而给相关企业和整个供应链带来危害和损失。

成员偏好具有差异性。风险偏好既是经济主体特有的个性特征，也受制于外部环境变化的影响。在外部环境上，自然环境的不确定性、市场需求的波动性以及成员企业自身的差异性，使供应链成员在做出决策时，都会体现出不同的风险偏好状态；内部原因是影响供应链成员风险偏好形成的个人特质因素。不同成员在经济收入、文化水平等方面的差异性，都会影响其风险偏好度。

成员偏好度与其企业以及整个供应链的期望收益和风险具有相关性。成员风险越追寻，期望收益相对越高，承担风险量也越高；成员风险越规避，期望收益相对越低，承担风险量也越低。

2.4.3　供应链成员风险偏好分类

关于风险偏好的类型，艾罗（Arrow，1971）较早提出了通过效用曲线来刻画风险偏好的方法，根据效用曲线形状的不同将风险偏好划分为风险中性、风险追寻和风险规避。

2.4.3.1　风险中性型

风险中性，是用在不确定角度下来考虑的一种形容个体行为的一种方法。风险中性在工具书中的解释为：投资者的确定性等价的收益等于其投资收益期望值。风险中性在学术文献中的解释为：根据现代组合理论，风险中性是指投资者不关心风险，当资产的期望损益以无风险利率进行折现时，他们对风险资产和无风险资产同样偏好，但没有风险中性的假定是不能进行风险中性运用的。风险中性是指决策者的风险态度既不冒险也不保守，而且对于风险中性的决策者，其效用函数基本是一条直线。

2.4.3.2　风险追寻型

风险追寻型是指在风险中更愿意得到期望收入而不是风险的期望值的收入。对于风险追寻者来说，期望值的效用大于风险本身的期望效用。面对具有相同预期收益价值的投机机会，风险偏好者倾向结果不那么确定的投机，而不在意较稳定但低收益的结果。而且风险追寻型的决策者无论是在损失值还是获益值的区间，他都不惧怕风险。

2.4.3.3　风险规避型

风险规避也叫风险回避，是风险应对的一种方法，是指通过有计划的变更来消除风险或风险发生的条件，保护目标免受风险的影响。风险规避并不意味着完全消除风险，我们所要规避的是风险可能给我们造成的损失。一是要降低损失发生的概率，这主要是采取事先控制措施；二是要降低损失程度，这主要包括事先控制、事后补救两个方面。对于风险规避型的决策者，无论是在损失值还是获益值的区间，他都力图寻找风险最小的方案。

严格意义上的风险回避可以分为积极的风险回避和消极的风险回避。二者有相同点，也有不同之处。其相同之处在于，两者都认为企业自身的实力不足以承受可能遭受的风险损失，希望能够尽可能地在风险发生之前减少其发生的可能性。但积极风险回避和消极风险回避对风险认知的能动性不同，对于每一个风险决策者，其心目中都有一个决策方案的评价标准，进而产生不同的风险预期。从风险的偏好性来说，积极的风险回避者和消极的风险回避者同属于风险厌恶者。

但两者对于风险认知的能动性是不同的。根据心理学的解释，个性是一个人不同于他人的那些个人属性或日常行为特征的总和。个性因素是由主体的过去经验、天生能力以及受外部环境因素交叉影响所产生的综合结果。消极的风险回避者更惧怕风险，风险承受能力和应对突发事件的能力也较差，因此消极的风险回避者不会去主动地识别风险，更谈不上应对风险、接受挑战。积极的风险回避者并不会一味地回避风险，从而丧失获得商业谋取利润的机会，只不过其对自身的能力更了解，更有自知之明，能够更好地理解"有所为有所不为"。

相对于风险中性型和风险追求型决策者的处理方式而言，风险规避的优点体现在如下两个方面。

第一，风险规避方式在风险产生之前将其化解于无形，大大降低了风险发生的概率，有效避免了可能遭受的风险损失。

第二，节省了企业的资源，减少了不必要的浪费，使得企业得以有的放矢。在市场竞争中"有所为有所不为"。

但风险规避也存在一定的缺陷，其不足之处在于：首先，企业生产经营活动的最终目的是获得价值或利益的最大化，而风险与收益和机会常常相伴而生，规避风险的同时在很大程度上意味着企业放弃了获得收益的机会；其次，因为风险无时不在，无处不在，绝对的风险规避不大可能实现。

另外，风险规避必须建立在准确的风险识别基础上，又因为企业判断能力的局限性，对风险的认知度是存在偏差的，因此风险规避并非总是有效的。久而久之，风险规避可能助长企业的消极风险防范心理，过度规避风险而丧失驾驭风险的能力，生存能力也随之降低。

2.4.4　成员风险偏好与供应链风险因素的关联性

根据供应链风险的概念可知，成员风险偏好对供应链风险的影响实质还是以供应链风险源为传播媒介，进而对供应链造成影响，如图 2 - 10 所示。因此，本书将以供应链风险源为依据，分析成员风险偏好与供应链系统风险的关联性。

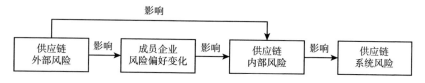

图 2 - 10　成员风险偏好与供应链系统内外部风险的关系

2.4.4.1　风险偏好与供应链系统外部风险

供应链风险按不同标准可分成不同类别。本章基于供应链的运作环境，以风险源是否属于供应链内外部为依据，将供应链风险分为外部风险和内部风险。内部风险包括供应风险、需求风险、协调风险和信息风险等；外部风险则主要包括法律风险、宏观经济政策风险、文化风险以及意外灾害风险等，如图 2 - 11 所示。

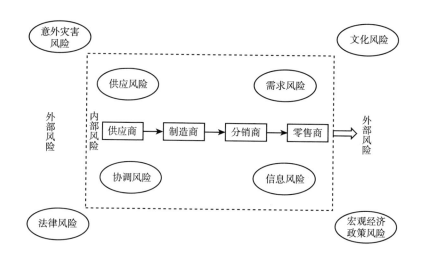

图 2 - 11　供应链系统风险

成员风险偏好仅体现的是某一成员企业或其决策主体的风险倾向，具有微观性，对供应链外部宏观风险具有不可控性。但是供应链外部风险却可以通过影响成员风险偏好，继而对供应链内部风险产生影响。这是因为供应链系统风险是由供应链内外部风险共同作用生成的，而供应链外部风险是通过其内部风险体现出来的。由于供应链外部环境会影响成员风险偏好变化，而成员主体的风险偏好变化会影响供应链系统内部风险，最终影响到供应链整体风险水平。因此，这里首先着重于分析外部环境的变化对供应链成员风险偏好的影响。

风险偏好与宏观经济政策。经济风险主要指由于经济前景的不确定性使供应链在经营过程中遭受损失的可能性，例如，汇率的波动、经济周期的风险、经济危机的发生以及金融危机的出现等。政策对供应链造成的风险主要来自两个方面：一是政府调控政策对供应链经营产生风险，如金融危机或经济危机发生时政策的偏差可能给供应链致命打击，又如产业结构调整时对产业的支持与限制直接影响供应链的投资；二是政府经济发展预期政策影响供应链企业的发展战略与经营策略，增加供应链风险。

风险偏好与法律风险。法律风险指供应链在运营过程中由于节点企业的法律行为不规范等给供应链带来的风险。例如，全球供应链面临的国际法律差异，自己国家对法律法规的修订调整等给供应链运转带来的负面影响。供应链面临的法律环境变化会诱发供应链经营行为变化。如在法律体系不健全时，部分过于风险追寻的成员就会通过利用法律漏洞赚取巨额利益。随着国家开始相继颁布和实施一系列法律法规，如税收法规、企业组织法、财务法规等，国家法制体系不断完善，各种利用法律漏洞进行投机的行为逐渐减少。但是，各种法律都有一个不断完善的过程，法律法规的修订、调整等不确定性，对经营者的经营活动有重大影响，形成供应链成员风险偏好变化的外在发源地。面对外在法律风险的存在，经营者就会不断调整经营策略来应对或利用风险，这种策略的变化实际上就是决策主体风险偏好变化的具体体现。

风险偏好与文化风险。文化风险指供应链企业所处的文化环境带来的风险。由于节点企业布局分散，区域制度、企业规模及行业特点不同等会产生经营思想、价值观念及管理方式的差异，形成供应链文化风险。文化差异也是影响决策者行为的重要因素。供应链企业为了获取区域以及规模优势，其经营一般不会局限于某一特定区域。处于不同地理位置上的供应链各成员企业在地域上一般跨度很大，不同地域的企业一般文化差异很大，它不但表现在文化制度、企业经营理念上，同时也表现在企业成员的综合职业素质等方面。不同的企业文化会导致决策主体有不同的风险接受度，从而产生对相同问题有不同的看法，最后采取有差异的处理方法。

风险偏好与意外灾害风险。意外灾害风险指供应链系统所处环境中由于无法预料的意外事件给供应链运营带来的风险。自然环境的变化会直接作用于供应链的各个节点企业。尤其是当核心企业受自然环境变化出现问题时，其他节点企业会在生产行为上出现强烈波动。如部分企业为了规避风险可能停止生产或销售，引发供应链断链，一些分销商或零售商或冒险大批囤货，使投机行为增加。

2.4.4.2　风险偏好与供应链系统内部风险

风险偏好与供应风险。供应风险指供应链系统上游企业不能准时按量满足下游企业需求，供应中断引起该下游企业无法正常运转，继而引发该企业的下游企业不能正常经营，依次形成多米诺效应，使整个供应链受损。根据委托代理理论，供应风险既有核心企业对合作伙伴选择不当的逆向选择问题，又有因合作伙伴有自利动机而出现的道德问题行为。逆向选择更多是属于信息不对称造成的资源配置扭曲。在供应风险中，受风险偏好影响的主要是供应商的机会主义行为所导致的产品质量、断货和缺货风险。出于对利益的追求和风险的规避，供应商行为的目标就是高质量、高效率地完成下游企业的产品需求任务。高质量规避产品市场风险，高效率带来高的收益，但是高质量和高效率往往是矛盾的。理性的供应商会从长远的角度考虑其行为的最大效益，并主动接受社会外界环境以及双方之间契约的约束。而供应商的自利行为决定了在利益和风险的权衡方面，不是严格的理性经济人应该有的风险处理态度，风险偏好起了很大的作用。供应商对供应风险的不同偏好在本质上实际与自身经济利益的考量相对应。如风险追寻的供应商为了提高效率、增加收益，向制造商提供劣质产品甚至是假冒伪劣产品，从而获得额外收益。

　　风险偏好与需求风险。需求风险是由于顾客需求偏好的个性化、可变性和随机性使供应链企业对市场需求难以准确预测，从而造成订货批量的不准确；或因最优订货批量的存储模型技术的局限性，造成订货决策失误，最后导致产品库存积压或缺货风险。由需求风险产生原因可以得出，受风险偏好影响的主要因素是供应链成员对最优订货量的偏离所导致的产品库存积压或缺货风险。由于人的有限理性以及供应链结构的复杂性，供应链上各企业在不同的风险偏好下可能会做出偏离期望利润最大化的选择，即下游购买者在一定的风险态度影响下，倾向于采购对自己来说并非最优数量的产品；而上游企业实际上可能是针对风险中性的下游企业的产品实际需求量进行供应。两者由于风险偏好的不同，增加了上下游企业产品供应与采购数量之间的偏离。另外，由于上游企业本身也具有风险偏好，对其上一级的供应企业采购时也会偏离自己的最优订购数量。这就产生两个结果：一是上游企业库存增加或供应短缺；二是由于下游企业决策者也不是在完全理性条件下制定的采购决策，使得产品供应短缺或库存增加。因此，由于各决策主体风险偏好的不同，一定程度上加剧了库存风险和产品短缺风险在供应链企业间的传导。

　　风险偏好与协调风险。协调风险指供应链运营过程中节点企业合作时由于各种原因出现与供应链战略发展目标不一致的意见带来的风险。供应链的协作过程主要体现在成员企业之间对收益共享和风险分担的不同模式。因此这里主要分析在成员偏好影响下，企业风险与收益不匹配所导致的供应链冲突风险。实际中，从最终顾客到供应源的方向，供应链上各节点企业的利益分配优势存在着递减的趋势。由于成员的偏好不同，其对风险的承担量也不同，相应的期望收益也具有不一致性。根据期望理论，当成员企业处于期望收益时，理论上是风险规避的；当成员企业处于期望损失时，风险态度是追寻的。而当成员企业在收益分配上具有优势差异时，对风险大小的评判标准，则取决于各自的参照点，或者说是供应链企业成员的风险偏好的倾向程度和风险承受能力。如果供应链成员主体偏好具有一定的风险追寻性，参照点的选取就相对较高，即风险承受能力越大期望收益也越大。同理，成员企业规避倾向越大，参照点的选取就相对较低，即风险承担量越少、收益也越小。实际中，由于供应链中从下游到上游各节点企业的利益分配优势呈现递减的不平衡性存在，忽视了因成员偏好不同所造成的参照点选取的不同，将会致使合作伙伴的积极性降低，相互推诿，最终导致相关企业间的冲突，供应链风险水平随之加大。

风险偏好与信息风险。信息风险指由于供应链节点企业存在着自利性，将各自的商业信息封闭，不愿与其他成员企业共享，导致各企业虽然内部信息系统非常先进，但只是一个个的信息孤岛，结果致使信息不能在整个供应链顺畅流通，信息流阻塞与信息不对称客观存在，由此产生信息风险。在供应链信息传递风险中，产生最主要的结果就是"牛鞭效应"。因此这里就主要分析风险偏好对"牛鞭效应"的影响。"牛鞭效应"产生的主要原因是决策者的非理性因素，其中风险偏好起到很大的作用。如当销售商为追求额外利益向制造商发出超出实际需求的订单时，实际上就是风险追寻的体现。而制造商在接收到错误的需求信号时，会在预期损失与获得间做出决策。当制造商为风险规避时，将会选择牺牲部分利益而避免更大的风险损失，对其供应商的订购量会相对减少，此时一定程度上能够缩减"牛鞭效应"的逐级放大范围；当制造商为风险追寻时，企业愿意为获取额外利益而承担一定量的风险，对其供应商也将会发出超出实际需求的订单，这样就加大了供应链的需求放大效应，致使上游企业库存水平提高、服务水平下降、供应链成本提高，最终使每一个供应链成员蒙受损失。

2.5　供应链中消费者行为偏好

2.5.1　消费者行为偏好概述

最早的消费者行为定义的出现可以追溯到 18 世纪。后来随着经济、社会的不断发展，越来越多的学者关注到消费者行为这一方面。大概在 20 世纪 60 年代，有关于消费者行为的理论、著作开始应用产生。而对于消费者行为理论这一门较复杂的综合性理论学科来说，往往会涉及很多其他的学科知识，如营销学、社会学以及心理学等。因此，每一门学科对于消费者行为的定义各不相同，认识上也有着各自的差异。在消费者行为这一复杂的动态变化过程中，通常会牵涉到消费者的行为、消费者的感知以及消费者所面临的环境等众多因素的影响。

希夫曼（Schiffman，2001）认为，顾客在不断寻找、经常购买和使用自己所需要的产品以及服务的过程当中，出现的多种行为表现方式，被称为消费行为。美国市场营销学会（AMA）将消费者行为定义为：在进行市场交换中，由于角色转换而产生的基本行为，通常包括消费者因自身的感受、认知、行为以及市场中的环境所产生的交流、沟通的过程。

菲什拜因等（Fishbein et al.，1975）在1975年提出了理性行为理论，即theory of reasoned action，他们主要研究了消费者的行为、意向与态度之间的关系，并通过建立有关这三个方面关系的理论模型，指出了个体的行为是由意向决定的，而意向又受到态度和个体的主观标准影响，是两者加权之和；另外，行动带来的收益和个体的感知结果会对消费者的态度产生影响。从心理学角度来看，个体的行为通常由需求、动机和刺激等因素激发。本章列举了不同学者给出的不同的消费者行为的定义和解释。沃尔特斯等（Walters et al.，1995）认为，消费者行为是消费者对购买和使用产品或服务所做出的决策和行动。恩格尔等（Engel et al.，1995）将消费者行为定义为消费者取得产品、处置产品或服务过程中的各种活动，包括所有相关的决策。科特勒（Kotler，2010）指出，消费者行为是具有目的和目标导向的行为，是消费者以满足自身的欲望和需求为目的，个体、群体以及组织对如何选择、如何购买、如何使用及如何处置商品或服务的经验和理念。

综合上述定义，消费者行为指的是消费者取得、使用以及处置服务或者商品所采取的各种行动，其中包括消费中所涉及的决策过程。因此，可以认为消费者行为是由两部分组成的：一部分是涉及消费者的心理活动、行为倾向的购买选择的过程；另一部分是消费者的具体行动。这两个部分共同构成了完整的消费者行为，且两个部分互相渗透、互相影响。本书中的消费者渠道偏好行为，定义为消费者在购买商品的过程中由于个体差异、外界环境等的影响而表现出对零售渠道或直销渠道的偏好，且消费者的渠道偏好行为受到心理预期、服务水平、价格差异及个体差异等的影响，具体体现为消费者最终的渠道选择行为。

2.5.2　消费者偏好类型及影响因素

消费者偏好是反映消费者对不同产品和服务的喜好程度的个性化偏好，是影响市场需求的一个重要因素，主要由当时当地的社会环境、风俗习惯、时尚变化等对整个消费者群体或某个特定群体产生的影响所决定。消费者偏好可以划分为四种基本类型。

第一种类型：如果消费者的偏好不稳定又含糊的话，要提供给他们一个满意的解决方案，以满足其偏好是不可能的。然而，由于他们对自己的偏好不了解，因此易被影响，易被企业劝说相信其定制化供给是令人满意的，是真正符合他们喜好的。并且如果定制化供给成功的话，这些消费者就会认为，该定制化符合了他们先前的偏好，并以此为基础形成他们以后的偏好。

第二种类型：消费者知道自己没有稳定、清晰的偏好，他们对供给的评估很有可能是建立在其外观的吸引力上，不确定是否真的符合他们（不牢固）的偏好。对于有助于他们分辨自己偏好的建议和帮助，这一类型的消费者可能表现出最好的接受性。例如，喜欢喝葡萄酒，但是却又清楚知道自己没有这方面知识的消费者，可能会非常乐意接受有关葡萄酒方面的教育和消费建议。

第三种类型：这类消费者有着稳定的消费偏好，这些偏好引导着他们的选择，但是他们却并没有清楚地意识到偏好对他们消费选择的驱动性。例如他们可能自认为选择是建立在理性、客观评判的基础上的。而实际上他们的选择主要考虑的是情感因素或审美因素。因此，这些消费者要么对那些实际上并不符合他们偏好的定制化供给或选择标准，可能会错误地接受，而最终导致不满意；要么，对那些真的能符合他们偏好的定制化供给或选择标准，却可能选择拒绝。这种类型的消费者可能最少。

第四种类型：这类消费者既有清晰的偏好，又对自己的偏好有足够的了解，这使他们能正确判断一种定制化供给是否真的符合他们的偏好。因此，这些消费者可能是定制化供给的潜在顾客，对于营销者为了解他们偏好所做的努力，他们会产生更多的满意感。然而，由于他们对自身偏好的了解，他们可能很少依赖营销者的建议。

通常消费者对商品进行购买、选择时，会受到来自消费者自身、商品以及市场等各种不确定因素的影响。在消费者购买商品的过程中，可以将影响其行为的因素分为五个阶段，分别是需求的认知、信息的收集、商品的评价与挑选、消费者的购买决策以及购买商品后的决策。考虑到消费者行为在日常生活中所受到的各种干扰因素比较多，可以将这些因素简单地分为两大类：内在因素和外在因素。其中，内在因素主要包括心理、生理等方面，而外在因素主要包括相关阶层、社会群体、文化状况、传统习俗等。

本书研究的是在双渠道供应链模式下，双渠道供应链成员的决策问题，主要影响因素有以下五个方面。

（1）消费者影响因素。消费者影响因素主要包括人口统计学特征、消费者购物经验以及日常的生活状态等所导致的各种影响因素。收入因素影响的表现，比如收入高的消费者往往不会在乎费用的高低，会选择一些比较安全的购物渠道，并且会十分注重产品的质量和特性。但是收入较低的消费者，会愿意花更多的时间对各个渠道之间的价格进行比较，在综合考虑之后，进行选择。正由于消费者因素的影响，消费者就会在选择中产生自身的偏好。

（2）卖家影响因素。卖家影响因素主要是指由卖家特征所引起的一些影响因素，例如企业的知名度、企业的服务、企业的营销策略等方面。以企业的服务为例，企业的服务水平和质量越高，就越能获得消费者的信赖，在消费者心中就能树立良好的形象，企业的知名度就越高，因而增大了消费者对企业选择的可能性。再如座谈会、微博、贴吧等众多的沟通渠道往往会对消费者的渠道选择产生影响。

（3）产品影响因素。产品影响因素主要是由消费者通过所购买的一些产品的种类、质量要求等多种因素而产生的影响因素。比如消费者经常在购买家电或者电子产品时，考虑到其服务质量和产品的信息。在购买鞋类产品时会看重其质量和大小尺寸，但是对其信息和服务质量则不会过多考虑。而对于标准化的产品来说，可以在线上渠道和线下渠道同时进行销售。通常线上渠道相对于线下渠道来说，在价格上更具有优势，因而消费者更愿意在线上渠道购买这些商品。而对于一些更侧重于体验性的产品来说，消费者会对产品进行充分的了解、接触和体验后再进行选择。所以他们更倾向于在零售店购买。当消费者习惯长期在某一种渠道上购买产品时，通常会在消费者选择的影响下，建立起一种长期稳定的关系，还会影响着消费者对于渠道的选择。

（4）渠道影响因素。渠道影响因素主要包括由于渠道的一系列特征所带来的重要影响因素。消费者在购买产品的时候，优先会考虑的渠道因素包括渠道的风险、渠道的购物体验、渠道的信息、渠道的转移成本等。消费者在选择线上购物渠道时，更看重的是个人支付和信息安全，以及收货时间是否准时、快捷。但是在传统的零售渠道中，消费者不会担心个人的支付问题，更多地考虑到网上购物是否方便。通常认为信息会在一定程度上对消费者行为产生影响，而信息在流通的过程中，将渠道作为一种传播方式，个人偏好不同，获取信息的渠道方式不同，做出的决策也不同。

（5）情景影响因素。情景影响因素主要是指在不同的时间或不同的地点，消费者的选择往往会有很大的不同。目前就情景影响因素的研究来说，还未形成趋于一致的结论。专家学者们认为，当出现一些比较特殊的情况时，消费者会选择在线上渠道进行产品的购买，但在其他的条件下，会优先选择线下的渠道挑选、购买产品。

2.5.3　双渠道供应链中消费者渠道选择模型

许多学者对消费者的渠道选择行为进行了推理及实证研究，并在此基础上提出了许多消费者渠道选择行为模型，其中比较著名的有科特勒模型（Kotler Model）、EKB 模型（Engel, Kollat & Blackwell Model）、TRA/TPB 理论、EBM 理论和 TAM 理论等。Kotler 模型认为，消费者的渠道选择行为受到四个方面因素的影响，它们分别是心理因素（psychological factors）、个体因素（personal factors）、社会因素（social factors）和社会文化因素（cultural factors）。其中，心理因素包括个体认知的差异、动机和态度的不同等；个体因素包括职业、年龄、生活方式、经济及观念等；社会因素包括家庭、地位、角色和相关群体等；社会文化因素包括社会文化、社会次文化以及社会各阶层的价值观等。

EKB 模型是 Kotler 模型的一个重要补充，它将消费者行为分为购买决策和动机两个方面，并考虑了信息处理、决策过程以及外部影响因素。它的发展使得消费者行为理论变得更加系统和完善。图 2 - 12 展示了一个完整的 EKB 模型，其中包含了多个元素。

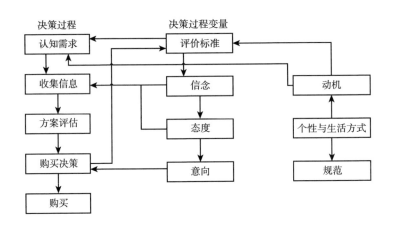

图 2 - 12　EKB 模型

TRA 理论是基于菲什拜因（Fishbein, 1975）给出的行为意向模式，并结合了人口统计学、人格特征以及对目标的心理态度等外部因素的一种理性行为理论。它认为，人们的行动是基于理性思维，深受行为意向的直接影响，而行为意向又深受主观标准和行为心理态度的约束。图 2 - 13 显示了 TRA 模式的结构和功能。

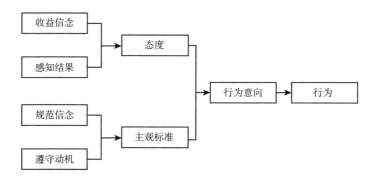

图 2 - 13　TRA 模型

　　TRA 理论认为，行为意图是个人对某一行为的主观概率判断，它会对个体行动产生正影响，即行为意图越强，行动的可能性就越大。影响行为意图的行为态度是个人对行为的一种评价（正向或负向），是行为信念和评估结果之积。TRA 理论假设自我意识能够完全决定一个人的行为，然而在现实中，潜意识、情绪、习惯都能够影响个体行为，资源、时间、机会和技术等因素也会对个体行为产生影响。受到这些因素影响的个体行为与态度和主观规范导致的个体行为有所差异，甚至存在冲突，因此这一理论也存在缺陷。阿泽恩（Ajzen）将感知行为控制加入 TRA 理论中，提出了计划行为理论（TPB）。TPB 理论认为，除态度、主观规范以外，个体所具有的机会、资源以及控制力等也会影响个人的行为意图，进而影响行为。

　　EBM 理论研究的是导致消费者决策行为的内在心理影响因素。该理论认为，个体的决策开始于需求识别，通过收集信息、选择评价，最后产生购买决策。影响这一过程的主要变量有：动机、态度、信念、意向、生活方式、评价标准以及其他因素，该理论的决策模型如图 2 - 14 所示。

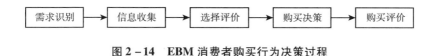

图 2 - 14　EBM 消费者购买行为决策过程

　　TAM 理论建立在 TRA 理论的基础上，加入了态度和行为意向之间的关系。该理论有两个主要信念变量，分别是感知有用性和感知易用性。其中，前者是指个体认为采用某一个特定的系统后，购买绩效将会提高，个体认为系统的有用性越高，那么选择该渠道的态度和行为将会越强烈。后者指的是个体采用某一个特定渠道的难易程度，如果个体认为采用某一渠道越容易，那么选择该渠道的态度则越强。

随后，TAM 模型中引入了社会影响过程因素（包括主观规范、自愿性和形象三个方面）和工具因素（包括工作相关、产出质量、感知易用性和结果展示性四个方面），形成了延伸技术接受模型，即 TAM2，如图 2 – 15 所示。

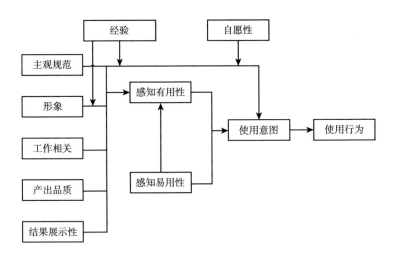

图 2 – 15　TAM2 模型

第 3 章

成员行为对双渠道定价决策
影响问题及研究方法评析

3.1 研究背景与问题的提出

由于互联网的发展，更多的人纷纷尝试互联网购物。2022 年 9 月 15 日，中国电子商务科学研究中心发布了《2022 年（上）中国网络零售市场数据报告》，研究报告数据指出，我国网络零售金融市场交易规模不断增长，如图 3-1 所示，这一趋势正在持续发展。

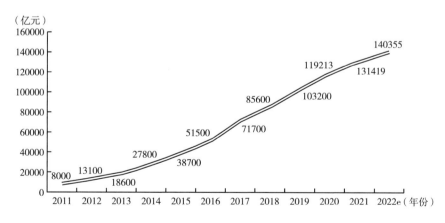

图 3-1 2011~2022 年中国网络零售市场交易规模

资料来源：中国电子商务研究中心. 2022 年（上）中国网络零售市场数据报告［R］. 2022.

　　事实上，书籍及影像等产品是最早通过亚马逊（Amazon）开设网络平台销售的，此后随着网络市场规模的不断扩大，很多制造商开始在实体店基础上引入网络渠道。除了计算机领域的龙头制造商（如 Apple，IBM，Lenovo，Cisco，HuaWei，HP）、家用电器制造商（如 Gree，Media，Haier）、酒业（如 Maotai）、药业（如 Kangmei）、护肤品制造商（如 Estee Lauder）、饮料和食品制造商（如 Budweiser Beer，CocaCola，Campbell Soup）、服装类产品（如 Nike，Zara，Hotwind）和电子制造商（如 Palm One，Samsung，Sony），还有一些大型的零售商（如 Sunning，BestBuy，Bloomingdales，WalMart，Target）也开通了网络渠道。这种线上线下相结合的混合渠道运营模式，称为双渠道供应链。

　　由于消费者可以通过线上线下两种渠道购买同一产品，其购买行为发生了很大变化（Balakrishnan et al.，2014）。因为不同渠道有不同的优势，如在传统实体渠道中，消费者可以面对面和销售人员沟通，可以体验产品来更准确确定自己的需求，且能及时拿到自己所购买的产品，但购买者需要花费去实体店的时间成本和交通成本。而在网络渠道中，消费者可以足不出户进行产品的筛选，可以利用网络"搜索"来比较不同产品之间的不同，还可以查询自己购买的"订单"，来搜索曾经消费过的商品等，但消费者不能亲自体验商品的质量和适合度，会带来退换货的可能。早期实证研究证实，相对于网络渠道而言，人们更乐意在实体渠道上进行消费（Liang et al.，1998；Kacen and Lee，2002），所以不少学者在建立模型时假设消费者对实体渠道的认可度高于对网络渠道的认可度（Chhajed et al.，2003；Ghose et al.，2010）。但随着网络购物市场的普及化、移动化，网购群体主流的年龄跨度开始增大（罗宇凡，2015）。如萧和陈（Hsiao and Chen，2014）将消费者分为两种类型：偏实体渠道（线下）消费者和偏网络渠道（线上）消费者。

　　随着近年来经济的飞速发展，双渠道供应链上的竞争进一步加强。为了获取更多的竞争优势，企业采取诸如定价、广告及服务等方式参与竞争，其中定价是最常采用的策略。因为这种策略较为灵活，对市场的需求影响也较为直接有效。对任何一个企业而言，产品价格的决策都是至关重要的。

沃尔特·贝克等（Walter L. Baker et al.，2001）研究了 2001 年的财富 1000 家企业成本结构，结果发现，与可变成本、固定成本和销量相比较，定价对收益的影响会更大。该报告还表明，由于线上价格比线下价格调整更为灵活，所以需求波动比较大的时候，在线销售会赢得更多的利润。相比较传统的单渠道供应链，双渠道供应链中两种渠道间会存在竞争，这会导致市场需求波动性变大。因此，在激烈的市场竞争与波动的需求环境下，双渠道供应链成员的风险意识也会增强（李芹芹和刘志迎，2015），导致他们决策时具有风险规避行为。如施韦泽和卡川（Schweitzer and Cachon，2000）发现，供应链成员具有风险规避意识时的决策与完全理性下的最优决策存在偏差。

　　本书以上述问题为背景，研究在双渠道供应链系统中，当消费者对实体渠道或网络渠道具有不同偏好时，制造商与零售商是否引入网络渠道的决策问题，以及这些决策与一些关键参数的依赖关系。另外，考虑供应链成员具有风险规避行为且消费者具有渠道偏好行为时，以上供应链的定价策略有什么变化并分析各个参数之间相互影响的作用。

3.2　国内外研究现状

3.2.1　制造商或零售商开通双渠道的研究

3.2.1.1　制造商开通双渠道

　　关于制造商开通双渠道的研究已经比较成熟，一些研究表明，制造商在零售商实体渠道的基础上引入网络渠道会加剧供应链上下游双方的竞争，比如弗雷泽和拉莎（Frazier and Lassar，1996）揭示了渠道竞争影响品牌效应。费恩和安德森（Fein and Anderson，1997）通过实证分析得出，在传统的零售实体渠道基础上，制造商开通网络渠道会降低零售商的积极性。还有一些研究表明，制造商引入网络渠道会缓解双重边际化效应，提高制造商的利润及整个供应链的效率，比如蒋等（Chiang et al.，2003）运用价格竞争的博弈模型研究了双渠道供应链，令人惊讶地发现，即使制造商在直销渠道没有销量，相比较单渠道情况制造商仍然可以获得更多的利润。泰西和阿格拉瓦尔（Tsay and Agrawal，2004）研究表明，当供应商和零售商一样努力销售时，供应商开通双渠道可以使供应商和零售商都受益。弗鲁赫特和泰比路（Fruchter and Tapiero，2005）及卡塔尼等（Cattani et al.，2006）研究均表明，制造商在网络渠道和实体渠道采取一致定价是其最优定价策略。艾莉亚等（Arya et al.，2007）和蔡（Cai，2010）也表明，在传统零售实体渠道的基础上，供应商开通网络渠道不仅会使得供应商受益也会使得零售商受益。但是这种情况并不总是成立的，比如李等（Li et al.，2015）的研究结果表明，当零售商对市场的需求具有私有信息时，在一定条件下双渠道供应链会恶化双重边际化效应。马等（Ma et al.，2016）分析了制造商针对差别的产品进行线上和线下渠道分销，探讨了制造商是否应该开通自己网络渠道的问题。而马特斯（Matsui，2017）探讨了制造商是如何在自己的双渠道供应链中决策批发价和直销渠道价格的。上述研究只考虑了制造商引入网络渠道后形成的双渠道供应链定价策略的变化对供应链各方成员的影响，但是并没有考虑到其他策略对双渠道各成员的影响。

一些研究还考虑了广告、服务、成本、需求等策略对双渠道的影响，比如高斯等（Ghose et al.，2006）考虑了双渠道环境下 Bertrand 博弈和 Stackelberg 博弈模型的竞争者的广告策略和均衡价格策略。杜姆荣西里等（Dumrongsiri et al.，2008）对带有直销渠道的制造商和传统零售商市场均衡增加了一些约束条件，发现当消费者同时考虑价格和服务时，两种渠道不同的边际成本将会在很大程度上影响双渠道均衡的存在。宋等（Song et al.，2011）研究了双渠道环境下定价与合作广告模型在集中式和分散式下的决策，最后得出了合作广告的投资对双渠道供应链成员的利润影响是很大的。张智勇和李华娟（2014）研究了双渠道供应链系统中，上下游广告合作和成本分担对供应链协调的影响。结果表明，与零售商广告对品牌产生的影响无关，上游制造商分担下游零售商的部分广告费用均能获得双赢利润，但不能完全实现双渠道协调。

谢等（Xie et al.，2017）用合作广告的方式协调了闭环供应链双渠道。姚等（Yao et al.，2005）在假设需求是确定的情况下研究了双渠道供应链定价问题。黄松等（2014）则假设在需求和成本同时扰动时，研究了双渠道供应链集中决策与分散决策的定价策略与生产策略问题。金磊等（2013）关于实体店零售商建立网络渠道的情形，研究双渠道的动态定价策略与渠道之间库存共享的问题。林杰等（2013）比较了制造商和零售商分别为 Stackelberg 博弈领导者时，闭环式双渠道供应链（双销售渠道和双回收渠道并存的双渠道模式）的定价策略。陈云等（2008）研究了电子零售商和传统零售商的双渠道供应链与零售商双渠道供应链这两类双渠道的定价策略问题并对这两种模式的定价策略进行了对比。丁正平等（2013）针对消费者存在"搭便车"行为时，研究了双渠道的垂直集中决策、部分分散决策、分散决策、水平集中决策的定价策略。陈等（Chen et al.，2012）结合消费者退货水平考虑了制造商作为 Stackelberg 领导者及零售商作为跟随者的双渠道定价策略，用灵敏度分析方法分析了消费者退货水平的变化对双方定价策略、订货策略以及供应链成员各方收益的影响。李莉等（2016）考虑了中小制造企业处于非主导地位时，在产品数字属性对需求有影响的情况下进行双渠道营销时所面临的价格冲突问题。李海等（2015）基于讨价还价博弈对由直销网络渠道和零售渠道组成的双渠道供应链进行了定价策略的分析。王先甲等（2017）探讨了生产商在规模不经济时，如何选择协调双渠道供应链策略问题。

进一步，还有一些学者研究了制造商竞争情景下的双渠道环境，马特斯（2016）考虑了两个信息不对称的制造商，发现当其中一个制造商采取线上线下双渠道时，另外一个制造商不应该采取双渠道模式和其竞争。萧和陈（Hsiao and Chen，2013）则指出，现在流行的双渠道策略被认为是一种"囚徒困境"，而制造商可能会带有目的性地加强产品和渠道的替代性以使得自己能逃脱这种困境。

3.2.1.2 零售商开通双渠道

零售商双渠道的研究大部分也是关于定价策略的研究，比如，泰西和阿格拉瓦尔（2004）研究表明，当零售商在原来渠道的基础上开通网络渠道后，可以通过调整制造商的定价策略使得供应链双方都受益。刘等（Liu et al.，2006）探讨了零售实体商为了抢占电子零售商的网络市场开通自己的网络渠道，对零售实体商来说实体渠道和网络渠道一致定价是个关键因素。伯恩斯坦等（Bernstein et al.，2008）发现，零售商倾向于开通网络销售不意味着会获取更高利润，在某些情况下只是策略的一种需要。黄和斯瓦米纳坦（Huang and Swaminathan，2009）研究了四种最优价格决策，并且给出了在一定需求下零售商通过传统渠道和电子零售商渠道进行销售的决定性条件。张（Zhang，2009）讨论了传统零售商何时采用多渠道战略以及零售商使用网络渠道为实体渠道进行宣传的两个问题，结果表明对零售商而言采取多渠道并不总是最优的。张盼等（2013）在双寡头市场中用 Hoteling 模型研究了零售商双渠道策略，假设价格与服务存在竞争，并求出零售价格与服务水平的均衡解，进一步分析了网络渠道的引入后，零售价、服务水平及其利润的变化情况。研究表明，当消费者对零售商偏好相差不大时，开通网络渠道之后，零售商会加强服务，但利润降低；当考虑信息"搭便车"时，都不开通网络渠道、只有一个零售商开通网络渠道、两个零售商都开通网络渠道三种情况都可能是均衡的渠道结构，同时开通网络渠道是两个零售商面临"囚徒困境"的问题。基列耶夫等（Kireyev et al.，2017）提出了存在多渠道零售下的价格匹配的现象问题，并通过观察许多产业的价格匹配策略和利用博弈模型检测了这种价格策略的有效性，他们得到的结果表明，在多种竞争情况下，这种价格匹配策略是非常有利的。曹等（Cao et al.，2016）考虑了三种分销渠道：实体渠道、网络渠道和实体—网络渠道，比较了三种渠道的绩效，并给出了零售商会在每种策略下利润较高的条件。卡瓦罗等（Cavallo et al.，2017）通过调查10个国家56家大型零售商的实体渠道和网络渠道，发现在72%的时间段上，实体价格与网络价格的变化具有相同的频率和变化尺度。

关于供应链成员渠道选择问题可参考更多研究文献（Liu and Zhang，2006；Chiang and Monahan，2005；Kumar and Ruan，2006；Hendershott and Zhang，2006；等等）。

尽管上述研究考虑了价格、信息、广告及成本对双渠道策略的影响，但基本上都是从供应链成员一方引入网络渠道构成的双渠道的各种策略问题。目前同时考虑制造商和零售商都开通双渠道的文献很少，萧和陈（Hsiao and Chen，2014）虽然考虑了供应链双方在实体渠道基础上都引入网络渠道的问题，但是并没有将制造商双渠道和零售商双渠道放入统一框架下进行策略的比较分析。在网络时代下，消费者面对线上线下两种渠道难免有不同的偏好，对于作为领导者的制造商而言，究竟是自己开通双渠道还是委托传统实体渠道的零售商来开通双渠道，是值得探讨的一个问题。另外，以上文献均是基于市场稳定的情况下进行研究的，但在实际生活中，市场往往具有波动性，而这种波动性带来的风险性使得供应链各方成员在决策时会具有风险规避的行为。

3.2.2　供应链成员风险规避行为研究

网络渠道的开通导致渠道竞争加剧，从而导致市场需求波动性加大，同时也导致消费者越来越趋向于个性化的消费行为。所有这些都使得供应链成员的风险意识增强，卡川（Cachon，2004）揭示了即使供应商和零售商都具有风险规避行为，对风险的分配对供应链来说也很重要，所以，研究供应链成员的风险规避行为对供应链的影响是非常重要的。下面主要从三个方面来进行综述。

3.2.2.1　考虑供应链上下游一方风险规避的研究

有些研究只考虑了供应链下游风险规避的情况，如艾克霍特等（Eeck-houdt et al.，1995）考虑了报童风险规避对供应链的定价和成本的影响。阿格拉瓦尔和塞斯哈德里（Agrawal and Seshadri，2000）研究表明，每一个风险规避型零售商都可以被引导从计划好的菜单里选择一个合同，鉴于零售商具有风险规避的行为，这些菜单可以避免无效性。甘（Gan，2005）提出了风险共担的合同，该合同可以协调由风险中性的供应商和风险规避的零售商组成的供应链。王和韦伯斯特（Wang and Webster，2007）从委托代理的角度研究了由一个风险中性的制造商和一个损失规避的零售商组成的供应链，证明了存在一个可以重新分配供应链整体利润并可以协调供应链的合同。陈等（Chen et al.，2009）研究结果表明，分销渠道的中介在减少零售商面临的风险上起到了很重要的作用。马等（Ma et al.，2012）在传统的单渠道环境下，构建了风险中性的制造商和风险规避的零售商关于批发价和订货量进行讨价还价的博弈。李等（Li et al.，2014）将文献马等（Ma et al.，2012）的问题拓展到了双渠道环境下进行了类似的研究。但考虑到供应链上游风险规避的研究比较少，尤（Yoo，2014）研究了供应商的机会主义行为，在供应商（上游）对质量和惩罚风险中性或风险规避时，是否可以由买方（下游）协调供应链的问题。刘云志等（2017）在同时考虑零售商具有损失规避行为与产品质量水平的情况下分析了供应链的协调问题，并提出了批发价格—质量成本分担契约，该契约可以协调二级供应链。

3.2.2.2　考虑供应链上下游双方均风险规避的研究

泰西（Tsay，2002）分析了制造商和零售商之间的关系是如何受到风险影响的，发现如果不计风险，惩罚将是持续性的。奥姆拉和玛特所（Ohmura and Matsuo，2016）研究分析了单周期下由风险规避型制造商和风险规避型零售商处理单一产品的风险规避的供应链，研究发现，在一定条件下风险规避度比较高（低）时，制造商和零售商都偏好于全额退款而非不退款。这与泰西（2002）的研究结果是不同的。张晓林和李广（2014）研究了专业合作社与超市组成的鲜活农产品的供应链问题，构建 Stackelberg 博弈模型，在模型中引入了新鲜度因子和风险规避度的概念，得到了专业合作社与超市的最优定价策略，最后分析了新鲜度因子和风险规避度对最优价格及利润的影响。

3. 2. 2. 3　双渠道环境下考虑成员风险规避的研究

以上研究均是在单渠道环境下研究了供应链成员具有风险规避行为对策略的影响，还有不少学者在双渠道环境下研究了成员的风险规避行为对策略的影响。王虹和周晶（2009）在双渠道环境下研究了供应链上下游均具有风险规避行为的定价策略问题，结果表明，参与者具有风险规避行为时并不一定会损害供应链整体的利润，相反，在一定条件下，参与者的风险规避行为还可以缓解双重边际化效应，使得供应链上下游获得利润共赢，实现帕累托改进。王虹等（2010）在双渠道环境下比较了零售商风险规避度为完全信息和私有信息两种情况下的最优定价决策问题，研究表明，零售商风险规避度是否私有对直销渠道的价格没有任何影响，但制造商决策的批发价与零售商决策的零售价会随着制造商拥有风险规避度信息的变化而变化。李书娟（2011）比较了双渠道中电子零售商由制造商控制下和由制造商与零售商合作情况下的价格及利润，用数值实验分析了风险态度对供应链双方利润及合作模式的影响。许等（Xu et al.，2014）用均值方差模型研究了双渠道供应链成员都考虑风险规避时的定价策略问题，并提出了一个新的契约——两部收益共享契约，该契约不仅可以协调供应链的利润，还可以使得供应链双方的利润都得到改善。杨等（Yang et al.，2014）考虑了双渠道环境下，风险规避的制造商可以提前或者在线立刻从供应商处订购材料，主要考虑了买者的风险偏好、最终产品的需求波动和产品价格波动等因素对策略的影响。李等（Li et al.，2016）构建了一个改善的风险共担的合同，该合同可以协调双渠道供应链，并使得风险中性的供应商和风险规避的零售商获得共赢的结果。李等（Li et al.，2014）用 CVaR 方法评估零售商风险规避的水平，探讨了讨价还价博弈下的双渠道定价策略问题，该问题是将马等（Ma et al.，2012）的单渠道问题拓展到了双渠道环境。李等（Li et al.，2015）研究了风险规避型零售商对市场具有更多信息时的双渠道的定价决策，并用均值方差方法测量了零售商风险规避的程度。陈等（Chen et al.，2017）考虑制造商具有成本私有信息时，面对市场需求随机的情况，利用委托代理模型比较了具有风险规避的零售商在制造商双渠道环境下提供的四种最优定价策略问题。

3.2.3　均值—方差方法在供应链中的应用研究

对供应链成员的风险评估在供应链定价、订货及其投资中都有着很重要的作用，通过上节的文献综述不难发现不少研究者假设决策者是风险规避的，本小节主要对供应链中评估风险规避所用的均值方差（mean-variance，MV）方法进行综述。

自从马科维茨（Markowitz，1959）首次提出均值—方差方法评估决策者的风险之后，很多学者都开始使用 MV 方法来测量决策者的风险规避程度，如娄（Lau，1999）使用 MV 方法来评估垄断制造商和零售商的风险规避行为，发现这两个代理的风险态度将影响定价和退货政策。崔等（Choi et al.，2001）使用 MV 方法评估了报童模型中报童的风险规避度。布扎克特等（Buzacott et al.，2011）将 MV 准则设定为目标函数，当报童问题不存在缺货成本时，研究了一类承诺—期权供应合同问题。在阿拉伊（Arai，2005）的研究中，针对资产价格过程不连续的模型，给出了 MV 套期保值策略的表示。崔等（Choi et al.，2008）研究了一个供应链的报童模型的 MV 问题，该供应链由一个供应商和一个零售商组成，分别用利润的期望和利润的标准差来表示退货和风险的特征并根据退货政策分析了供应链的策略。吴等（Wu et al.，2009）用 MV 目标函数研究了风险规避型报童模型，发现报童风险规避时的订货量不必少于中性时的订货量。魏和崔（Wei and Choi，2010）构建了一个 MV 决策框架作为目标函数，并通过批发价合同和利润共享机制来协调供应链，研究发现，在信息不对称的情况下，零售商假装对风险的容忍度比较低时，其利润将会更高。谢等（Xie et al.，2011）建立了一个 MV 框架下的模型，结果表明，合作伙伴的风险规避行为和供应链策略将会影响质量的投资和定价。崔和邱（Choi and Chiu，2012）建立了下行风险（mean-down side-risk）和均值方差（MV）模型，针对零售价是外生和内生的两种情况用相同的方法进行了求解。洪等（Hung et al.，2013）用 MV 模型研究了一个二级供应链，在这个供应链中，供应商给予零售商供货能力的较短提前期。瑞雅和杰娜玛尼（Ray and Jenamani，2016）研究了由一个风险规避的买者和多个不可靠的供应商组成的二级供应链，并设计了 MV 作为目标函数，以此来最大化买者的利润和最小化它的方差。亚玛古奇等（Yamaguchi et al.，2017）用 MV 方法研究了绿色供应链中各成员的风险态度对策略的影响。通过以上综述可知，均值方差分析方法是测量决策者风险规避度的一种重要方法，其主要思想是用数学中的期望和方差来表示受益和风险，在限定风险情况下，使得利润最大化。常用的均值方差方法主要有两种形式：

形式 1

$$\max U(\pi) = E(\pi) - kVar(\pi) \qquad (3-1)$$

其中，$E(\pi)$ 是决策者利润的期望值，k 是决策者的风险规避参数，$Var(\pi)$ 是决策者利润的方差，$U(\pi)$ 是决策者的均值方差的目标函数。李等（Li et al.，2014）和娄（Lau，1999）采用的是形式 1 的模型。

形式 2

$$\max E(\pi)$$
$$\text{s. t. } \sqrt{Var(\pi)} < K \qquad (3-2)$$

其中，K 是决策者所能容忍的风险。K 越大，表示决策者对风险的容忍度也就越大；K 越小，越趋于风险规避。有些学者（Wei and Choi，2010；Gan et al.，2011；等等）采用的是形式 2 的模型。本书研究采用形式 2 的模型。

3.2.4　考虑消费者偏好的研究

在双渠道供应链的研究中，还有些文献考虑了消费者不同偏好程度对决策的影响，如迪博等（Debo et al.，2005）考虑了消费者对新产品和再制造产品的接受度不同，而阿塔苏等（Atasu et al.，2008）则假设消费者对于不同的产品认可度是不同的。另外，巴拉克里希南等（Balakrishnan et al.，

2014）研究了消费者具有浏览转移的行为，也就是说，因为网络售价低于实体售价，消费者先体验实体店，然后转移到电子零售商处进行购买的行为。托马斯和沙利文（Thomas and Sullivan，2005）、斯特雷贝尔等（Strebel et al.，2004）利用线性模型对消费者渠道选择进行了研究。蒋等（Chiang et al.，2006）用实验研究了消费者偏好传统渠道还是偏好直销渠道的影响因素，指出了消费者的偏好会根据产品种类的不同而不同。布莱克等（Black et al.，2002）研究表明，网络渠道比较适合搜索型的产品，而传统渠道比较适合销售一些复杂高涉入度的产品。巴拉苏布拉曼尼等（Balasubramanian et al.，2005）和巴尔等（Baal et al.，2005）认为，不同阶段，消费者的渠道选择也会不同。程等（Cheng et al.，2006）研究了影响消费者对直销渠道的接受程度的因素。李季（2006）通过实证分析研究了消费者对网络购物成本和传统购物购买成本的认知情况，进一步探讨了这种认知是否影响消费者的渠道偏好。张洁佩等（2010）通过实证研究指出，搜索信息、选择评估、购买商品和收货在电子商务的背景下，对消费者的渠道选择行为都会有一定程度的影响。不难找到很多消费者考虑渠道选择的文献（Schweitzer and Cachon，2000；Ma et al.，2013；等等）都是从消费者对于直销渠道的接受程度及获得的价值构建了需求函数。事实上，梁和黄（Liang and Huang，1998）与凯恩（Kacen，2002）均用实证分析得出消费者对实体渠道的认可度高于对网络渠道的认可度。陈等（Chen et al.，2008）研究双渠道定价时结合了消费者渠道选择的问题，每个渠道的需求不仅与消费者对产品的估值和购物经验有关，还与双渠道的服务水平有关系。严和裴（Yan and Pei，2009）也是在假设消费者偏爱实体渠道的情况下，研究了制造商在实体渠道的基础上开通网络渠道以刺激零售商提高服务并获得更高的利润。许传永等（2010）考虑了消费者对渠道接受度和购买成本的情况下，研究了一个双层双渠道供应链的定价决策问题。许垒等（2013）考虑消费者对网络渠道认可度低于对实体渠道的认可度，以传统单渠道为基准，探讨了制造商和零售商作为一个整体引入网络渠道、制造商单独引入网络渠道、零售商单独引入网络渠道、第三方引入网络渠道的四种双渠道的定价策略问题。刘汉进等（2015）针对零售商处于价格领导权的结构下，假设消费者对网络渠道的认可度低于对实体渠道的认可度，讨论了制造商开通双渠道的定价策略问题。罗和孙（Luo and Sun，2016）关于新产品调查分析得出了与梁和黄（Liang and Huang，1998）、凯恩（Kacen，2002）一样的结果，并且在建模时采用了这一假设。但是萧和陈（Hsiao and Chen，2014）认为，消费者在实体店消费需要访问实体店的时间和交通成本，而在网络渠道上消费可以省下时间成本和交通成本，所以其将消费者分成了两种类型：一种是偏实体渠道的消费者；另一种是偏网络渠道的消费者。

3.3　文献总结与评述

通过对制造商双渠道、零售商双渠道、考虑顾客效用即供应链成员风险规避文献的总结，不难发现，在网络市场飞速发展的背景下，实体渠道和网络渠道齐头并进的营销模式已经成为主流模式，而通过国内外文献的阅读及观察本书发现以下问题。

（1）很少有文献将制造商双渠道和零售商双渠道放入统一框架下进行比较分析，他们大多都是从零售商视角或者制造商视角来研究两种双渠道模式下的定价策略及其影响问题。

（2）由于消费者可以在实体渠道或网络渠道上购买同一种产品，所以考虑消费者对于渠道的偏好是非常有必要的。另外，在中国，通过网络渠道进行价格打折的活动是一种常用的营销方式，如天猫、京东在不同的节假日经常会有不同的价格折扣活动。因此，结合消费者的渠道偏好与网络价格折扣等现实因素对双渠道供应链进行研究，对现实企业的决策有很重要的指导意义。

（3）供应链成员本身面对市场就有一定的风险规避意识，在双渠道环境下由于渠道冲突及消费者的渠道偏好行为会使得供应链成员增强这种风险规避意识。面对这些情况，考虑市场的不确定性对定价决策的影响，将对企业的生产及运营管理都有很重要的意义。另外，双渠道环境下考虑供应链成员风险规避行为的研究比较少，尤其是考虑供应链上游风险规避和考虑供应链上下游均风险规避的研究就更少了。

本书研究的主要目的是，基于以上实际运营管理中双渠道供应链的决策策略问题，在理论上对供应链管理理论与方法做进一步的补充和完善，对企业实践给予一定的决策指导。显然，在目前电子商务飞速发展的时代，该研究不论是对于供应链领域理论的研究，还是对企业的现实决策都具有非常重要的意义。

3.4　技术路线及研究内容

3.4.1　技术路线

在电子商务飞速发展的今天，有的制造商选择自己开通网络渠道，比如中国著名的茅台酒业和康美药业均是在实体渠道的基础上开通了自己的网络渠道；还有些家电制造商（如海尔、格力等）则是和大型零售商苏宁及五星电器等合作，通过这些零售商的实体渠道和网络渠道分销自己的产品；还有些制造商除了通过传统的零售实体渠道销售产品外，还通过零售商的互联网渠道和制造商的互联网渠道销售自己的产品，如服装行业的一些品牌，汤米（Tommy）和拉夫劳伦（Ralph Lauren）。在双渠道环境下，消费者可以在多种渠道下选择同一种产品，同时也使得供应链成员之间的竞争加剧，这些因素不仅会导致消费者具有渠道偏好行为，也会导致供应链成员具有更强的风险规避意识。观察总结现实中的这些运营管理问题，通过天津大学图书馆各类网络数据库查阅与这些问题相关的研究，并对所查文献进行归类总结，重点对制造商双渠道，零售商双渠道，制造商与零售商的渠道选择，供应链成员风险规避的研究，消费者渠道偏好等研究进行了文献综述。提出了要研究的问题，并将研究问题中的变量采用参数表示建立对应的数学模型，用标准的博弈理论进行分析求解，求解过程用Mathematics 软件辅助计算并用其进行数值实验。最后将所求结果给予管理分析与解释。具体研究方法和实施技术路线如图 3 - 2 所示。

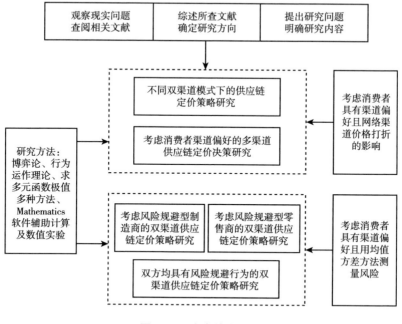

图 3 - 2　本书技术路线

3.4.2　主要研究内容

本书分析了消费者具有渠道偏好时双渠道环境下的供应链定价策略问题。首先，从制造商和零售商双方的角度考虑了制造商双渠道和零售商双渠道在统一框架下时的定价策略；其次，又考虑了制造商和零售商双方均在实体店的基础上引入网络渠道的定价策略问题；最后，考虑根据消费者对渠道意愿支付的不同而分为偏实体渠道消费者和偏网络渠道消费者两种类型，供应链上下游一方风险规避和双方均风险规避时供应链的定价策略问题。主要研究内容如下所述。

（1）以传统单渠道模式作为基准，从制造商和零售商两方的角度对比分析了统一框架下的制造商双渠道和零售商双渠道的定价策略，考虑消费者偏实体渠道，假设网络渠道的价格与实体渠道价格间存在折扣关系。用 Stackelberg 博弈求出了三种模型的最优均衡定价策略，分析了三种模型之间的定价、有效需求、利润之间的关系，最后又用参数灵敏度分析的方法探讨了消费者对网络渠道的认可度和折扣率对价格、有效需求、利润的影响。

（2）基于消费者的渠道偏好研究多渠道供应链下的定价决策问题，这里的多渠道指的是二级供应链中除了传统零售商的实体渠道，制造商和零售商分别还开设了自己的网络渠道，形成多渠道供应链系统。采用 Stackelberg 博弈建立模型并求出其均衡解。以单渠道供应链为基准，探讨了双方均引入网络渠道后，制造商和零售商价格的变化，制造商对市场控制力的变化，以及各自利润的变化。最后，分析了制造商和零售商所占网络市场份额变化时，对供应链成员定价及各方利润的影响。

（3）考虑由一个风险规避的制造商、一个风险中性的零售商组成的双渠道供应链的定价策略问题，根据消费者对渠道偏好的不同，将消费者分为两类：偏实体渠道消费者和偏网络渠道消费者，制造商通过网络渠道和零售商实体渠道销售同一种产品，且两个渠道定价一致。制造商作为 Stackelberg 博弈的主导者，零售商作为跟随者时，求出最优批发价和零售价及供应链各方的利润，并和供应链成员完全风险中性下的均衡结果比较，探讨制造商风险规避对供应链的决策有何影响，两类消费者的比例变化对供应链成员完全风险中性时决策的影响，以及对制造商风险规避时的供应链决策时的影响。

（4）考虑由一个风险中性的制造商、一个风险规避的零售商组成的制造商双渠道供应链的定价策略问题，假设问题背景同内容（3），求出最优批发价和零售价及供应链各方最优利润，与供应链成员完全风险中性下的均衡结果比较，探讨零售商风险规避对供应链的决策有何影响，并用数值分析的方法探讨了两类消费者的比例变化对零售商风险规避的双渠道定价策略决策的影响。

（5）考虑供应链上下游双方均风险规避的双渠道供应链定价策略问题，假设问题背景同内容（3）和（4），求出双方风险规避时最优批发价和零售价及供应链各方利润，并和供应链成员完全风险中性下的均衡结果比较，探讨制造商和零售商同时具有风险规避行为时对供应链的定价决策有何影响，制造商利润与零售商利润及供应链整体利润是如何受双方风险态度影响的，双方风险态度在何种组合下制造商利润可以达到最优、零售商利润达到最优，以及何种组合可以使得供应链利润获得帕累托改善。

3.5　主要创新点

本书研究了电子商务环境下，消费者具有不同渠道偏好时，双渠道供应链的定价策略问题，主要创新点如下所述。

（1）将制造商双渠道和零售商双渠道放入统一框架下，分别从零售商和制造商两者的角度对比分析了这两种决策环境下的定价策略，考虑了消费者具有渠道偏好行为且网络渠道的价格与实体渠道价格间存在折扣关系，建立了以制造商为主导的 Stackelberg 博弈模型，发现即使制造商愿意让零售商来开设网络渠道，零售商有时也不愿意自己开通双渠道。讨论了消费者对网络渠道的认可度与网络价格折扣率对两种双渠道定价策略的影响，发现消费者对网络渠道的认可度与价格折扣率对供应链定价策略的影响是呈相反关系的。

（2）将上一研究的问题拓展到在单渠道供应链的基础上制造商和零售商均引入网络渠道的定价策略问题，考虑将网络总需求按照比例划分为制造商网络渠道需求和零售商网络渠道需求。当零售商所占网络需求的份额为 0 时，模型退化为制造商双渠道；当零售商所占网络需求份额为 1 时，模型退化为零售商双渠道。结果发现，网络渠道的开通会使得制造商对渠道的控制力增强，批发价升高，最优利润升高。而零售商则会在自己所占网络市场份额比较小时降低决策的零售价，比较大时提高决策的零售价，其最优利润是降低的。随着零售商所占网络市场份额的增加，制造商的最优利润减少；零售商的最优利润并不随着其所占网络市场份额呈现单调性。

（3）在双渠道环境下基于两类对渠道偏好不同的消费者考虑了制造商风险规避的定价策略问题。建立了均值方差模型，发现制造商风险规避有时会得到两个最优批发价使得制造商的利润相同，而取低价策略，零售商和消费者均可以获利。数值实验表明，当消费者对实体渠道的忠诚度一定时，存在合适的风险管控因子，使得零售商的利润和供应链总利润达到最优。当消费者对实体渠道的忠诚度增加时，同制造商风险中性时相比较，零售商的最优利润和供应链最优总利润增幅增大。

（4）同样用均值方差方法，在双渠道环境下基于两类对渠道偏好不同的消费者考虑了零售商风险规避的定价策略问题。发现当零售商风险规避到一定程度时，可以刺激消费者的需求，其自身的利润及制造商的利润都可以得到增加。最后通过灵敏性分析及数值实验发现，偏实体渠道消费者份额较大时，零售商风险管控才会有效。

（5）将以上问题拓展为考虑供应链上下游均风险规避的情况下，双渠道供应链的定价策略问题。根据制造商和零售商双方不同的风险态度，决策分为四种情况：不受双方风险态度的影响、只受制造商风险态度的影响、只受零售商风险态度的影响、受双方风险态度的影响。将不受双方风险态度影响时的决策作为基准，可以分别得到制造商和零售商一方和双方及供应链整体利润提高的策略。研究表明，受制造商和零售商一方或双方风险态度影响时，存在可以提高供应链整体利润的定价策略。

以上研究均采用了消费者效用推导出的需求函数，博弈时序均为制造商先定批发价，零售商根据制造商给定的批发价决策零售价，考虑风险规避时，均采用了均值方差方法对风险进行度量。

第 4 章

不同双渠道模式下的
供应链定价策略研究

　　本章以一个制造商和一个零售商组成的二级单渠道供应链作为基准，对制造商引入网络渠道形成的制造商双渠道供应链和零售商引入网络渠道形成零售商双渠道供应链的定价策略进行对比研究。考虑消费者的渠道偏好，且假设网络渠道的价格与实体渠道价格间存在折扣关系，应用 Stackelberg 博弈模型求解出单渠道和两种双渠道的最优均衡定价。以单渠道的定价策略为基准，比较分析了两种双渠道供应链的定价、有效需求和利润之间的关系。通过参数灵敏度分析方法，探讨了消费者对网络渠道的认可度和折扣率对价格、有效需求、利润的影响。通过分析发现，同单渠道模式比较，制造商自己开通双渠道是最优的，其次是委托零售商开通双渠道供应链。但同单渠道模式相比较，零售商在这两种双渠道模式下的利润都会受到损失，制造商作为博弈的领导者一定会引入网络渠道；然而可能会考虑到与零售商的长期合作及抢占网络市场份额的因素，鼓励零售商引入网络渠道。即使如此，零售商有时还是会放弃开通双渠道的机会，而选择制造商双渠道模式。参数灵敏度分析表明，消费者对网络渠道的认可度与网络价格折扣率的变化对供应链的策略影响是相反的。

4.1　引　　言

　　随着电子商务的飞速发展，各行各业除了其原有的零售实体渠道，还借助在线平台开通了网络渠道来扩大市场份额，形成了实体渠道和网络渠道相结合的双渠道销售模式。一些制造商在原有的传统零售实体渠道的基础上开通了网络渠道，称为制造商双渠道模式，比如中国著名的茅台酒业和康美药业均是在实体渠道的基础上开通了自己的网络渠道。还有一些制造商选择和一些零售商合作，这些零售商在自己原有的实体渠道基础上开通网络渠道，称为零售商双渠道模式，如海尔、格力等家电制造商就是与大型零售商苏宁及五星电器等合作，通过这些零售商的实体渠道和网络渠道分销自己的产品。

众所周知，价格折扣不仅是网络渠道常用的促销策略，也是中国网络营销的一个重要特征。例如，天猫创建"双十一"在线购物节后，随着在线折扣的流行，许多消费者在很大程度上形成折扣依赖。事实上，许多实证研究已经表明线上价格是低于线下价格的（Brynjolfsson and Smith，2000；Friberg et al.，2001；Morton et al.，2003；Cooper，2006；Sengupta and Wiggins，2014；等等）。本书基于互联网渠道存在较低的价格，设计了一个折扣率来描述实体渠道和网络渠道之间定价策略的差异。

本章主要解决的问题包括：（1）为了占领网络市场，面对制造商双渠道模式和零售商双渠道模式，制造商如何进行决策？（2）制造商对渠道的控制力是如何影响零售商渠道结构偏好的？（3）制造商双渠道和零售商双渠道两种模式下价格及最优利润关于价格折扣率及消费者对网络渠道的认可度是如何变化的？

为解决以上问题，本章以传统单渠道模式作为基准，分别从制造商和零售商的角度研究了统一框架下制造商双渠道和零售商双渠道两种模式的定价策略比较问题。在由一个制造商和一个零售商组成的供应链中，首先，运用博弈理论对没有引入网络渠道、制造商引入网络渠道、零售商引入网络渠道三种供应链结构对应的模型求出了均衡解。其次，对三种模型下的最优价格、销售量、制造商对渠道的控制力、供应链成员及整体利润进行了比较分析。最后，关于消费者对网络渠道的认可度及网络价格折扣率两个重要参数对最优定价、需求、供应链各方利润的影响进行了灵敏度分析。

4.2　问题描述

本章考虑异质消费者偏好实体渠道时，制造商双渠道和零售商双渠道之间的定价策略的不同。因此，考虑只有一个制造商和一个零售商及异质的消费者组成的三种供应链结构：单渠道供应链（记为模型 0）；制造商引入网络渠道，称为制造商双渠道（记为模型 1）；零售商引入网络渠道，称为零售商双渠道（记为模型 2）。本章所用的符号均在表 4-1 中给出了说明，为研究的方便，给出以下假设。

表 4-1　　　　　　　　　　　文中所用符号的含义

参数	定义
w	制造商给出的批发价
w_i^*	模型 i 所对应的最优批发价
p	零售商决策的零售价
p_i^*	模型 i 所对应的最优零售价
η	折扣率（网络零售价与实体零售价的价格比）
v	消费者在实体渠道对产品的估值
δ	消费者对网络渠道的认可度（消费者对产品在网络渠道和实体渠道估值的比）
q_i	模型 i 下的需求
q_{ij}	模型 i 下 j 渠道的需求，$j=1,2$ 分别代表实体渠道和网络渠道
q_i^*	模型 i 下的最优需求
q_{ij}^*	模型 i 下 j 渠道的最优需求
$\pi_{iM}(\pi_{iR})$	模型 i 下制造商（零售商）的利润
$\pi_{iM}^*(\pi_{iR}^*)$	模型 i 下制造商（零售商）的最优利润
π_{iD}	模型 i 下供应链的最优利润
π_{iC}	模型 i 下供应链集中决策时的最优利润
u_0	消费者从模型 0 下供应链购买 1 单位产品的净效用
u_{ij}	消费者从模型 i 下 j 渠道购买 1 单位产品的净效用
k_i^*	模型 i 最优策略对应的零售毛利润（RGM）

假设 4 - 1 基于耐用品的研究，假设制造商只生产一种产品并且每个消费者只能购买 1 单位产品，不失一般性，类似蒋等（Chiang et al.，2003）假设潜在的消费者总数为 1。

假设 4 - 2 为了计算简便，这里假设制造商的生产成本是固定的并规范化为 0，实体渠道的销售成本及网络渠道的销售成本均为 0，此假设可以参考文献（Yan et al.，2010）。

假设 4 - 3 制造商作为 Stackelberg 博弈的领导者对零售商有充分的领导权利，不少文献都采用了类似假设（Chiang et al.，2003；Hsiao et al.，2014；Ma et al.，2013；等等）。

假设 4 - 4 假设供应链成员中的制造商和零售商均是风险中性的双寡头，且其所拥有的信息均为共同信息，同时制造商与零售商均追求自己的利益最大化。

假设 4 - 5 消费者在实体渠道的支付意愿均是 v，且 $v \sim U[0,1]$，在网络渠道的支付意愿为 δv，其中 $\delta \in (0,1)$。多个文献（Chiang et al.，2003、2005；等等）均采用了同样的假设。

在单渠道供应链中（模型 0），消费者购买产品的净效用为 $u_0 = v - p$，如果 $u_0 = v - p \geqslant 0$，消费者会购买此产品，如果 $u_0 = v - p < 0$，消费者将不会购买此产品；在双渠道供应链中（模型 1 和模型 2），消费者在实体渠道和网络渠道购买产品的净效用分别为 $u_{i1} = v - p$，$u_{i2} = \delta v - \eta p$，$i = 1$，2 分别代表制造商双渠道（模型 1）和零售商双渠道（模型 2）。如果 $u_{i1} \geqslant 0$ 并且 $u_{i1} \geqslant u_{i2}$，此时消费者净效用在 $\left[\frac{1-\eta}{1-\delta} p, 1 \right]$ 区间，消费者会在实体渠道购买产品；如果 $u_{i2} \geqslant 0$ 并且 $u_{i2} \geqslant u_{i1}$，此时消费者净效用在 $\left[\frac{\eta}{\delta} p, \frac{1-\eta}{1-\delta} p \right]$ 区间，消费者会在网络渠道上购买产品。同时，为了保证实体渠道和网络渠道均存在，两个渠道的需求必须均是正的，故有下面的假设。

假设 4 - 6 $0 < \eta < \delta < 1$。

为保证双渠道的存在，当消费者估值为 1 时，必须在实体渠道购买该产品；当消费者估值为 $\frac{\eta}{\delta} p$ 时，消费者必须在网络渠道购买该产品。也就是说，对消费者而言 $v = 1$，$u_{i1} \geqslant 0$ 且 $u_{i1} \geqslant u_{i2}$；$v = \dfrac{\eta}{\delta}p$，$u_{i2} \geqslant 0$ 且 $u_{i2} \geqslant u_{i1}$；故可得到 $0 < \eta < \delta < 1$。

4.3　模型建立与求解

下面开始陈述以上三种模型中制造商和零售商的决策问题，在分析渠道成员之间的博弈之前，先根据前面的假设给出这三种模型的有效需求如下。

（1）在模型 0 中，只有实体渠道。在这种情况下，消费者只能选择在实体渠道购买产品，消费者估值 $v \geqslant p (v \in [p, 1])$，$u_0 = v - p \geqslant 0$，故需求函数为 $q_0 = 1 - p$。

（2）在模型 1 和模型 2 中，消费者估值为 $\left[\dfrac{1 - \eta}{1 - \delta}p, 1\right]$ 时会从实体渠道购买产品，此时 $u_{i2} \geqslant 0$ 并且 $u_{i2} \geqslant u_{i1}$；消费者估值为 $\left[\dfrac{\eta}{\delta}p, \dfrac{1 - \eta}{1 - \delta}p\right]$ 时会从网络渠道购买产品，此时 $u_{i1} \geqslant 0$ 并且 $u_{i1} \geqslant u_{i2}$。因此，实体渠道与网络渠道的有效需求分别为 $q_{i1} = 1 - \dfrac{1 - \eta}{1 - \delta}p$，$q_{i2} = \left(\dfrac{1 - \eta}{1 - \delta} - \dfrac{\eta}{\delta}\right)p$，供应链总有效需求为 $q = q_{i1} + q_{i2} = 1 - \dfrac{\eta}{\delta}p$。

显然，在模型 1 和模型 2 双渠道供应链模型中需要满足 $0 < w < \eta p < p$ 且 $p < \min\left\{\dfrac{1 - \delta}{1 - \eta}, \dfrac{\delta}{\eta}\right\}$，结合双渠道存在的条件 $0 < \eta < \delta < 1$，可以得到在该供应链中需要满足：$\begin{cases} 0 < w < \eta p \\ p < \dfrac{1 - \delta}{1 - \eta} \end{cases}$。

4.3.1　模型 0——没有引入网络渠道的情形

为了描述引入网络渠道之后供应链决策的变化，本节给出没有引入网络渠道的情况作为对比的基准。制造商作为 Stackelberg 博弈的主导者仅仅通过零售商销售产品，且该零售商只有实体渠道。博弈顺序为制造商先给出决策的批发价 w，零售商再根据给定的批发价决策零售价 p。根据逆向归纳法，给定制造商决策的批发价 w，零售商决策问题为：

$$\max_{0<p<1} \pi_{0R} = q_0(p-w) = (1-p)(p-w) \qquad (4-1)$$

由一阶最优条件可得零售商的反应函数为：

$$p_0^* = \frac{1+w}{2} \qquad (4-2)$$

根据零售商的反应函数，制造商的决策问题为：

$$\max_{0<w<1} \pi_{0M} = (1-p_0^*)w \qquad (4-3)$$

根据一阶最优条件可得制造商的最优批发价为 $w_0^* = 1/2$，通过适当代入可得到最优需求、利润等的表达式，见表 4 - 2。

表 4 - 2　　　　　　　　三种供应链结构下的最优值

最优值	模型 0	模型 1	模型 2
w_i^*	$\dfrac{1}{2}$	$\dfrac{\delta-\eta^2}{1-\eta}\cdot A$	$\dfrac{1}{2}-\dfrac{[2(\delta-\eta^2)-(1+3\delta)\eta]\delta}{(1-\delta)\eta^2}$
p_i^*	$\dfrac{3}{4}$	$\dfrac{3}{2}\delta\cdot A$	$\dfrac{1}{4}\cdot\dfrac{\delta}{\eta}B$
π_{iM}^*	$\dfrac{1}{8}$	$\dfrac{1}{4}\cdot\dfrac{(-4\eta^2+3\delta\eta+\delta)}{(1-\eta)}A$	$\dfrac{1}{8}\cdot\dfrac{\delta(2\eta^2-(3\delta+1)\eta+2\delta)^2}{(1-\delta)\eta^2(\eta^2-2\delta\eta+\delta)}$
π_{iR}^*	$\dfrac{1}{16}$	$\dfrac{1}{4}\cdot\dfrac{(2\eta^2-3\delta\eta+\delta)^2}{(1-\eta)(1-\delta)}A^2$	$\dfrac{1}{16}\cdot\dfrac{\delta[(-23\eta^2+36\eta-12)\delta^2+(36\eta^3-50\eta^2+12\eta)\delta+\eta^2+12\eta^3-12\eta^4]}{(1-\delta)\eta^2(\eta^2-2\delta\eta+\delta)}$
Π_{td}^*	$\dfrac{3}{16}$	$\dfrac{3}{4}\dfrac{\delta(\delta-\eta^2)}{1-\delta}\cdot A^2$	$\dfrac{1}{16}\cdot\dfrac{\delta(-2\eta^2+(3+\delta)\eta-2\delta)}{(1-\delta)\eta^2}B$
q_i^*	$\dfrac{1}{4}$	$1-\dfrac{3}{2}\eta\cdot A$	$1-\dfrac{1}{4}\cdot B$

最优值	模型 0	模型 1	模型 2
q_{i1}^{*}		$1 - \dfrac{3}{2} \cdot \dfrac{\delta(1-\eta)}{(1-\delta)} \cdot A$	$1 - \dfrac{1}{4} \cdot \dfrac{\delta(1-\eta)}{(1-\delta)\eta} B$
q_{i2}^{*}		$\dfrac{3}{2} \cdot \dfrac{\delta-\eta}{1-\delta} \cdot A$	$\dfrac{1}{4} \cdot \dfrac{(\delta-\eta)}{(1-\delta)\eta} B$
k_{t}^{*}	$\dfrac{1}{3}$	$1 - \dfrac{2}{3} \dfrac{(\delta-\eta^{2})}{\delta(1-\eta)}$	$1 - 2 \cdot \dfrac{(2\eta^{2}-(3\delta+1)\eta+2\delta)}{(1-\delta)\eta B}$

注：其中 $A = \dfrac{1-\delta}{\eta^{2}-3\delta\eta+2\delta}$，$B = \dfrac{2\eta^{2}-(5\delta-1)\eta+2\delta}{\eta^{2}-2\delta\eta+\delta}$。

4.3.2 模型 1——制造商引入网络渠道的情形

由前面得到 $q_{11} = 1 - \dfrac{1-\eta}{1-\delta}p$ 和 $q_{12} = \left(\dfrac{1-\eta}{1-\delta} - \dfrac{\eta}{\delta}\right)p$，制造商作为 Stackelberg 博弈的主导者，给定批发价 w，零售商的决策问题为：

$$\max_{p} \pi_{1R} = q_{11}(p-w) = \left(1 - \dfrac{1-\eta}{1-\delta}p\right)(p-w) \tag{4-4}$$

根据目标函数的凹性及一阶最优条件，零售商的反应函数为：

$$p_{1}^{*} = \dfrac{1}{2}\left(w + \dfrac{1-\delta}{1-\eta}\right) \tag{4-5}$$

根据零售商的反应函数，制造商的决策问题为：

$$\max_{w} \pi_{1M} = q_{11}w + q_{12}\eta p_{1}^{*} = \left(1 - \dfrac{1-\eta}{1-\delta}p_{1}^{*}\right)w + \left(\dfrac{1-\eta}{1-\delta} - \dfrac{\eta}{\delta}\right)\eta p_{1}^{*2}$$

$$\tag{4-6}$$

制造商的决策问题是关于 w 二次凹，根据一阶最优条件可以得到最优批发价为：

$$w_{1}^{*} = \dfrac{(1-\delta)(\delta-\eta^{2})}{(1-\eta)(\eta^{2}-3\delta\eta+2\delta)} \tag{4-7}$$

再将 w_1^* 代入反应函数，可以得到零售商实体渠道的最优零售价为：

$$p_1^* = \frac{1}{2}\left(\frac{3\delta(1-\delta)}{\eta^2 - 3\delta\eta + 2\delta}\right) \tag{4-8}$$

将 w_1^*, p_1^* 适当代入可得到模型 2 的最优需求、最优利润等表达式，具体见表 4 - 2。

4.3.3　模型 2——零售商引入网络渠道的情形

由前面得到 $q_{21} = 1 - \frac{1-\eta}{1-\delta}p$ 和 $q_{22} = \left(\frac{1-\eta}{1-\delta} - \frac{\eta}{\delta}\right)p$，制造商作为 Stackelberg 博弈的主导者，给定批发价 w，零售商的决策问题为：

$$
\begin{aligned}
\max_{p}\pi_{2R} &= q_{21}(p-w) + q_{22}(\eta p - w)\\
&= \left(1 - \frac{1-\eta}{1-\delta}p\right)(p-w) + \left(\frac{1-\eta}{1-\delta} - \frac{\eta}{\delta}\right)(\eta p - w)p
\end{aligned} \tag{4-9}
$$

根据目标函数的凹性及一阶最优条件，零售商的反应函数为：

$$p_2^* = \frac{1}{2}\left(\frac{1-\delta}{\eta^2 - 2\delta\eta + \delta}\right)(\eta w + \delta) \tag{4-10}$$

根据零售商的反应函数，制造商的决策问题为：

$$\max_{w}\pi_{2M} = \left(1 - \frac{\eta}{\delta}p_2^*\right)w \tag{4-11}$$

制造商的决策问题是关于 w 二次凹，根据一阶最优条件可以得到最优批发价为：

$$w_2^* = \frac{1}{2}\frac{2\delta^2 - \delta\eta - 3\delta^2\eta + 2\eta^2\delta}{\eta^2(1-\delta)} \tag{4-12}$$

再将 w_2^* 代入反应函数，可以得到零售商实体渠道的最优零售价为：

$$p_2^* = \frac{\delta}{4\eta}\left(\frac{2\eta^2 - 5\delta\eta + 2\delta + \eta}{\eta^2 - 2\delta\eta + \delta}\right) \tag{4-13}$$

将 w_2^*, p_2^* 适当代入可得到模型 2 的最优需求、最优利润等的表达式，具体见表 4 - 2。

注释 1　通过以上分析可以得到模型 1 和模型 2 的公共可行条件（即：(η, δ) 所在的区域 R），R 区域满足下面的不等式组：

$$
\begin{cases}
0 < w_1^* < \eta p_1^* \\
p_1^* < \dfrac{1-\delta}{1-\eta} \\
0 < w_2^* < \eta p_2^* \\
p_2^* < \dfrac{1-\delta}{1-\eta}
\end{cases}
\tag{4-14}
$$

求解式 (4-14)，可以得到：

$$
R = \left\{ (\eta, \delta) \,\middle|\, 2/3 < \eta < 1, \eta < \delta < \min[C_0(\eta), C_0(\eta), C_0(\eta)] \right\}
\tag{4-15}
$$

在区域 R 上（见图 4 - 1），模型 1 和模型 2 的每个渠道的最优利润都是正的，所以下面的讨论都在区域 R 上进行。

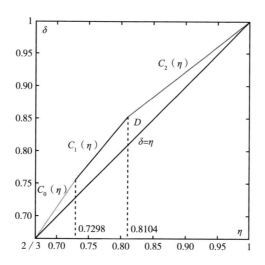

图 4 - 1　模型 1 和模型 2 最优解的公共可行域

注释2 为了分析双重边际化问题，表4-3给出了集中式下模型 i 的最优价格和最优利润，这里定义渠道效率为分散式下的供应链利润与集中式下供应链利润的比率。斯彭格勒（Spengler, 1950）研究表明，由于双重边际化效应，静态分散式的渠道效率为75%。令 $\tau_i = \pi_{iC}/\pi_{iD}$，通过表4-2和表4-3，可以得到模型 i 下的渠道效率 τ_i，三种模型下渠道效率的大小关系为 $\tau_2 < \tau_0 < \tau_1$，因此可知制造商引入网络渠道后，双重边际化效应会得到缓解，而零售商引入网络渠道会使得双重边际化效应恶化。

表4-3 　　　　　　　 集中式下各模型的最优定价及供应链整体利润

最优值	模型0	模型1	模型2
p_{iC}^*	$\dfrac{1}{2}$	$\dfrac{\delta(1-\delta)}{2(\eta^2 - 2\delta\eta + \delta)}$	$\dfrac{\delta(1-\delta)}{2(\eta^2 - 2\delta\eta + \delta)}$
π_{iC}^*	$\dfrac{1}{4}$	$\dfrac{\delta(1-\delta)}{4(\eta^2 - 2\delta\eta + \delta)}$	$\dfrac{\delta(1-\delta)}{4(\eta^2 - 2\delta\eta + \delta)}$

4.4　模型分析

这部分主要解决以下四个问题：（1）相比较单渠道供应链，引入网络渠道之后，定价策略有什么变化？（2）制造商最喜欢哪种渠道策略？（3）当零售商面对两种双渠道结构时，零售商偏爱哪种渠道策略？（4）价格折扣和消费者对网络渠道的认可度对两种双渠道决策策略有什么影响？

4.4.1　三种渠道结构的定价比较

首先通过价格策略的比较，得到命题4.1。

命题4.1 在模型0、模型1、模型2的公共可行域内，三种渠道结构的价格满足以下条件。

（1）当 $(\eta,\delta) \in A$ 时，制造商决策的批发价满足 $w_0^* < w_1^* < w_2^*$；当

$(\eta, \delta) \in B$ 时，制造商决策的批发价满足 $w_0^* < w_2^* < w_1^*$，这里 A、B 区域如图 $4-2$ 所示。

（2）零售商决策的零售价满足 $p_1^* < p_0^* < p_2^*$；零售商的边际收益满足 $p_1^* - w_1^* < p_0^* - w_0^*$，$p_2^* - w_2^* < p_0^* - w_0^*$。

（3）供应链总的有效需求满足 $q_0^* < q_2^* < q_1^*$；实体渠道的有效需求满足 $q_{21}^* < q_{11}^* < q_0^*$；网络渠道的有效需求满足 $q_{12}^* < q_{22}^*$。

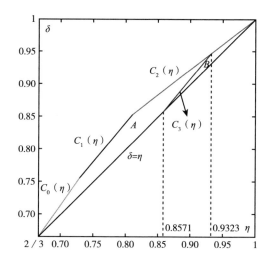

图 4-2　两种双渠道环境下最优批发价的比较区域

证明：

显然，$w_1^* > w_0^*$，$w_2^* > w_0^*$。经过简单计算：

$$w_1^* - w_2^* = (\delta - \eta)f(\eta, \delta)/2(1-\delta)(1-\eta)\eta^2(\eta^2 - 3\delta\eta + 2\delta)$$

$$(4-16)$$

其中，$f(\eta, \delta) = A_1\delta^2 + B_1\delta + C_1$，$A_1 = 9\eta^3 - 19\eta^2 + 16\eta - 4$，$B_1 = 2\eta^4 + \eta^3 - \eta^2 + 2\eta$，$C_1 = 2\eta^3$。当 $\eta > 2/3$ 时，$9\eta^3 - 19\eta^2 + 16\eta - 4 > 0$ 且 $f(\eta, 0) > 0$，$f(\eta, 1) < 0$。

令 $C_3(\eta) = \dfrac{-B_1 - \sqrt{B_1^2 - 4A_1C_1}}{2A_1}$，容易得到：

$$w_1^* - w_2^* \Leftrightarrow \delta < C_3(\eta) \qquad (4-17)$$

另外，当 $\eta < 6/7 \approx 0.8571$ 时，则 $\eta > C_3(\eta)$；当 $6/7 < \eta < 0.9323$ 时，则 $\eta < C_3(\eta) < \delta < C_2(\eta)$；当 $\eta > 0.9323$ 时，则 $C_2(\eta) < C_3(\eta)$，其中 $6/7$ 是 $\eta = C_3(\eta)$，0.9323 是 $C_3(\eta) = C_2(\eta)$ 方程在区间 $(2/3, 1)$ 的解。证毕。

命题 4.1（1）表明，一旦引入网络渠道，无论是制造商引入还是零售商引入，制造商决策的批发价相比较单渠道供应链时都会升高。参考命题 4.1（3）有效需求的比较，引入网络渠道应该会增加制造商的总利润。然而，通过制造商双渠道（模型 1）和零售商双渠道（模型 2）的比较，制造商双渠道下的批发价在区域 A 是低于零售商双渠道下的批发价的，但是在区域 B 是高于零售商双渠道的批发价的。在 A 区域与 B 区域的交界上，制造商双渠道与零售商双渠道的批发价是相等的。

同时，一旦制造商引入网络渠道，零售商为了避免损失更多的利润会降低零售价，因为降低零售价，就会减少和网络渠道之间的绝对价格差，双重边际化效应便得到缓解。一旦零售商引入网络渠道，零售商仍然是整个市场的垄断者，为了追求更高的利润，零售商将会提高自己的零售价，双重边际化效应将会恶化。这与命题 4.1（2）的结果是一致的。

最后，从命题 4.1（3）可得，一旦引入网络渠道，市场的总需求是增加的，尤其是制造商引入网络渠道时。然而，与单渠道供应链下相比，实体渠道的需求是减少的，也就是引入网络渠道不仅增加了原本没有消费需求的消费者，还使得部分消费者从实体渠道转移到了网络渠道。另外，零售商引入网络渠道更能进一步开发网络市场（$q_{12}^* < q_{22}^*$）。

斯坦纳（Steiner, 2004）定义边际毛利润（retail gross margin），并将其表示为 $RGM = (p - w)/p$，RGM 越低，表示边际毛利润越低，制造商的渠道控制力越大。进一步，通过三种渠道结构下的零售边际毛利润 $RGM\left(k_i^* = \dfrac{p_i^* - w_i^*}{p_i^*}\right)$ 比较，可以得出下面的命题。

命题 4.2 当 $(\eta, \delta) \in A$ 时，三种供应链渠道结构下的零售边际毛利润满足 $k_2^* < k_1^* < k_0^*$；当 $(\eta, \delta) \in B$ 时，三种供应链渠道结构下的零售边际毛

利润满足 $k_1^* < k_2^* < k_0^*$，这里 A、B 区域如图 $4-3$ 所示。

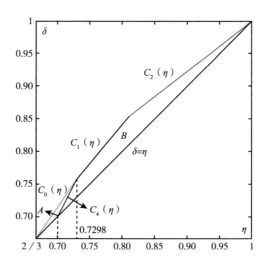

图 4 – 3　两种双渠道环境下 RGM 值的比较区域

证明：

$\max\{k_1^*, k_2^*\} < k_0^*$ 是显然的，在这里我们只比较 k_1^*，k_2^*。从表 $4-2$ 可以得到：

$$k_1^* - k_2^* = \frac{w_2^*}{p_2^*} - \frac{w_1^*}{p_1^*} = \frac{2(\delta - \eta)}{3\delta\eta(1-\eta)(1-\delta)(2\eta^2 + \eta - 5\delta\eta + 2\delta)} f(\eta, \delta)$$

$$(4-18)$$

其中，$f(\eta, \delta) = (-18\eta^3 + 34\eta^2 - 25\eta + 6)\delta^2 + (8\eta^4 - 5\eta^3 + 2\eta^2 + \eta)\delta - \eta^3 - 2\eta^4$。

$A_4 = -18\eta^3 + 34\eta^2 - 25\eta + 6$，$B_4 = 8\eta^4 - 5\eta^3 + 2\eta^2 + \eta$，$C_4 = -\eta^3 - 2\eta^4$，同时可以得到：

$$C_4(\eta) = \frac{-B_4 + \sqrt{B_4^2 - 4A_4 C_4}}{2A_4}$$

$$= \frac{-(8\eta^4 - 5\eta^3 + 2\eta^2 + \eta) + \eta(\eta - 1)^2 \sqrt{64\eta^2 + 32\eta + 1}}{2(-18\eta^3 + 34\eta^2 - 25\eta + 6)}$$

$$(4-19)$$

注意，$A_4 < 0, f(\eta,0) = C < 0$ 并且 $f(\eta,1) = A_4 + B_4 + C_4 = 6(1-\eta)^4 > 0$。因此，$f(\eta,\delta) < 0 \Leftrightarrow \delta < C_4(\eta), f(\eta,\delta) > 0 \Leftrightarrow \delta > C_4(\eta)$。相应地，

$$\frac{2}{3} < \eta < \frac{7}{10} \Rightarrow C_4(\eta) < \eta, \frac{7}{10} < \eta < \frac{21-\sqrt{41}}{20} \Rightarrow \eta < C_4(\eta) < C_0(\eta)，且$$

$$\frac{21-\sqrt{41}}{20} < \eta < 1 \Rightarrow C_1(\eta) < C_4(\eta)。$$

结合上面的结果，证毕。

通过命题 4.2 可知，一旦引入网络渠道，无论是制造商引入还是零售商引入，制造商对渠道的控制力都会增强。将制造商双渠道和零售商双渠道进行对比，发现当价格折扣和消费者对网络渠道认可度在图 4-3 所示的 A 区域时，制造商双渠道环境中制造商对渠道的控制力弱于零售商双渠道环境下的控制力。与此相反，当在图 4-3 所示的 B 区域时，在制造商双渠道环境中的制造商对渠道的控制力强于零售商双渠道环境下的控制力。B 区域占了可行域 R 的大部分区域，因此制造商引入网络渠道，在可行域的大部分区域都可以使得制造商对渠道的控制力增强。

4.4.2　三种渠道结构的利润比较

以单渠道供应链的制造商利润、零售商利润及供应链整体利润作为基准，比较制造商双渠道和零售商双渠道各成员及供应链整体利润。经过比较，得到以下命题。

命题 4.3　在可行域 R，三种渠道结构下各成员利润及供应链整体利润满足下面的关系。

（1）三种供应链渠道结构下制造商利润满足 $\pi_{1M}^* > \pi_{2M}^* > \pi_{0M}^*$。

（2）三种供应链渠道结构下零售商利润满足：当 $(\eta,\delta) \in A$ 时，$\pi_{2R}^* < \pi_{1R}^* < \pi_{0R}^*$；当 $(\eta,\delta) \in B$ 时，$\pi_{1R}^* < \pi_{2R}^* < \pi_{0R}^*$，这里 A、B 区域如图 4-4 所示。

（3）三种供应链渠道结构下供应链整体利润满足 $\pi_{1D}^* > \pi_{0D}^* > \pi_{2D}^*$。

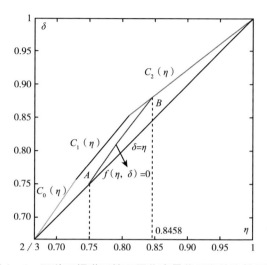

图 4 - 4　两种双渠道环境下零售商最优利润的比较区域

证明：

通过表 4 - 2，可以得到：

$$\pi_{1M}^* - \pi_{2M}^* = \frac{(\delta - \eta)f(\eta,\delta)}{8\eta^2(1-\delta)(1-\eta)(\eta^2-2\delta\eta+\delta)(\eta^2-3\delta\eta+2\delta)}$$

$$(4-20)$$

其中，$f(\eta,\delta) = A\delta^3 + B\delta^2 + C\delta + D$，$A = -39\eta^4 + 83\eta^3 - 88\eta^2 + 44\eta - 8$，$B = (25\eta^3 - 22\eta^2 + 30\eta - 12)\eta^2$，$C = (-4\eta^3 - 8\eta^2 - 19\eta + 7)\eta^3$，$D = 8\eta^5$。为了简单计算，令 $g(\eta,\delta) = \dfrac{\partial f}{\partial \delta} = 3A\delta^2 + 2B\delta + C$，$\Delta(\eta) = \dfrac{-2B - \sqrt{4B^2 - 12AC}}{6A}$。

由于对于 $\eta \in (2/3,1)$，$g(\eta,\eta) = -\eta^2(65\eta^2 - 67\eta + 24)(1-\eta)^2 < 0$ 且 $g(\eta,1) = 4(\eta^3 - 9\eta^2 + 15\eta - 6)(1-\eta)^3 > 0$。$\eta \in (2/3,1)$ 且 $\delta < \eta < \Delta(\eta)$。

另外，可以通过简单计算得到 $C_1(\eta) < \Delta(\eta)$，$f(\eta,\eta) = \eta^3(15\eta - 8)(1-\eta)^3 > 0$，且，

$$f(\eta,C_1(\eta)) = \frac{6\eta^5(1-\eta)^3(\eta-2)(12\eta^3 - 32\eta^2 + 29\eta - 10)}{(3\eta^2 - 3\eta + 2)^3} > 0$$

$$(4-21)$$

因此，在可行域内 $f(\eta,\delta) > 0$。所以 $\pi_{1M}^* > \pi_{2M}^*$ 成立。

再证明 $\pi_{2M}^* > \pi_{0M}^*$，通过表 4-2，可以得到：

$$\pi_{2M}^* > \pi_{0M}^* \Leftrightarrow \frac{1}{8} \frac{\delta(2\delta - \eta - 3\delta\eta + 2\eta^2)^2}{8\eta^2(1-\delta)(\eta^2 - 2\delta\eta + \delta)} > \frac{1}{8}$$

$$\Leftrightarrow (9\eta^2 - 12\eta + 4)\delta^2 + (-5\eta^3 + 3\eta^2)\delta + \eta^3 > 0 \quad (4-22)$$

令 $h(\eta,\delta) = (9\eta^2 - 12\eta + 4)\delta^2 + (-5\eta^3 + 3\eta^2)\delta + \eta^3 > 0$，则 $h(\eta,1) = 4(1-\eta)^3 > 0$。因为，

$$\frac{\partial h}{\partial \delta} = 2(9\eta^2 - 12\eta + 4)\delta + (-5\eta^3 + 3\eta^2) = (1-\eta)(5\eta^2 - 16\eta + 8) < 0 \quad (4-23)$$

可以得到 $\pi_{2M}^* > \pi_{0M}^*$。

通过表 4-2，可以得到：

$$\pi_{1R}^* < \pi_{2R}^* \Leftrightarrow (\delta - \eta)f(\eta,\delta) > 0 \Leftrightarrow f(\eta,\delta) > 0 \quad (4-24)$$

其中，$f(\eta,\delta) = A\delta^2 + B\delta + C$，其中 $A = 36\eta^2 - 24\eta + 4$，$B = -21\eta^3 - 23\eta^2 + 12\eta$，$C = \eta^4 + 15\eta^3$。注意 $A > 0$ 且 $\Delta = B^2 - 4AC = 9\eta^2(11\eta - 4)(3\eta - 4)(\eta - 1)^2 < 0$。因此，$\pi_{1R}^* < \pi_{2R}^*$。

类似，可以证明：

$$\pi_{2R}^* < \pi_{0R}^* \Leftrightarrow (\delta - \eta)[(23\eta^2 - 36\eta + 12)\delta^2 + (-11\eta^3 + 13\eta^2)\delta - \eta^3] > 0 \quad (4-25)$$

令 $g(\eta,\delta) = (23\eta^2 - 36\eta + 12)\delta^2 + (-11\eta^3 + 13\eta^2)\delta - \eta^3$。则可以得到 $g(\eta, 0) < 0$，$g(\eta,\eta) = g(\eta,1) = 12\eta^2(1 - \eta^2) > 0$，所以 $g(\eta,\delta) > 0$。

最后，

$$\pi_{1R}^* - \pi_{2R}^* \Leftrightarrow \frac{(\delta - \eta)f(\eta,\delta)}{16\eta^2(1-\delta)(1-\eta)(\eta^2 - 2\delta\eta + \delta)(\eta^2 - 3\delta\eta + 2\delta)^2} \quad (4-26)$$

其中，

$$f(\eta,\delta) = (-279\eta^5 + 891\eta^4 - 1264\eta^3 + 924\eta^2 - 336\eta + 48)\delta^4$$
$$+ (315\eta^6 - 721\eta^5 + 846\eta^4 - 472\eta^3 + 96\eta^2)\delta^3$$
$$+ (-112\eta^7 + 126\eta^6 - 2171\eta^5 + 123\eta^4 - 16\eta^3)\delta^2$$
$$+ (12\eta^8 + 8\eta^7 + 75\eta^6 - 31\eta^5)\delta - 16\eta^7$$

因此 $\pi_{1R}^* > \pi_{2R}^* \Leftrightarrow f(\eta,\delta) > 0$。证毕。

通过表 4-2，可以得到：

$$\pi_{1D}^* > \pi_{0D}^* \Leftrightarrow \frac{3\delta(1-\delta)(\delta-\eta^2)}{4(\eta^2 - 3\eta + 2\delta)^2} > \frac{1}{16} + \frac{1}{8}$$
$$\Leftrightarrow -(\delta-\eta)[4\delta^2 + (5\eta^2 - 8\eta)\delta - \eta^3] > 0 \quad (4-27)$$

同样根据表 4-2，可以得到：

$$\pi_{2D}^* < \pi_{0D}^* \Leftrightarrow (5\eta^2 - 12\eta + 4)\delta^3 + (-6\eta^3 + 19\eta^2 - 4\eta)\delta^2$$
$$+ (\eta^4 - 10\eta^3)\delta + 3\eta^4 > 0 \quad (4-28)$$

令 $f(\eta,\delta) = (5\eta^2 - 12\eta + 4)\delta^3 + (-6\eta^3 + 19\eta^2 - 4\eta)\delta^2 + (\eta^4 - 10\eta^3)\delta + 3\eta^4$。

可以得到 $f(\eta,\eta) = 0$，$\frac{\partial f}{\partial \delta}(\eta,\delta) = 3(5\eta^2 - 12\eta + 4)\delta^2 + 2(-6\eta^3 + 19\eta^2 - 4\eta)\delta + (\eta^4 - 10\eta^3)$，很容易得到：

$$\left.\frac{\partial f}{\partial \delta}\right|_{(\eta,0)} = \eta^4 - 10\eta^3 < 0, \left.\frac{\partial f}{\partial \delta}\right|_{(\eta,\eta)} = 4\eta^2(\eta-1)^2 > 0,$$

$$\left.\frac{\partial f}{\partial \delta}\right|_{(\eta,C_1(\eta))} = \frac{3\eta^3(\eta-1)^2(3\eta^3 - 54\eta^2 + 76\eta - 24)}{(3\eta^2 - 3\eta + 2)^2} > 0,$$

$$\left.\frac{\partial f}{\partial \delta}\right|_{(\eta,1)} = (\eta-1)^2(\eta^2 - 20\eta + 12) < 0。$$

注意在可行域 R 内 $(5\eta^2 - 12\eta + 4) < 0$，可以得到 $\frac{\partial f}{\partial \delta} > 0$，又 $f(\eta,\eta) = 0$ 可以得到 $\pi_{2D}^* < \pi_{0D}^*$。证毕。

命题 4.3（1）显示了无论是制造商引入网络渠道还是零售商引入网络渠道，制造商的利润都会提高，因此作为博弈的领导者，制造商一定会引入网络渠道。显然，与单渠道供应链情况下相比较，引入网络渠道，零售商的利润会降低。而且，命题4.3（1）结果表明，对于制造商而言最优的选择是制造商自己引入网络渠道。但是从命题4.1（3）可得到，从占领网络市场需求的角度，应该让零售商引入网络市场。零售商在图4-4所示的B区域，倾向于自己引入网络渠道，在图4-4所示的A区域仍然倾向于制造商开通网络渠道。进一步，不难理解，无论是制造商引入网络渠道还是零售商引入网络渠道，零售商的边际利润和实体渠道的需求都是降低的（见命题4.1（2）），所以引入网络渠道，实体渠道的利润都会降低。通过命题4.3（3）进一步观察，零售商引入网络渠道所带来的利润并不能抵销实体渠道所受损的利润，即供应链整体的利润会降低；但制造商引入网络渠道所带来的利润会比实体渠道受损的利润要高，即供应链整体的利润会升高。

命题4.3（1）显示制造商总是倾向于自己开通网络渠道（制造商双渠道）。而零售商在图4-4的区域A倾向于制造商开通网络渠道（制造商双渠道），在图4-4的区域B倾向于零售商开通网络渠道（零售商双渠道）。下面我们将从批发价和制造商对渠道的控制力方面解释零售商在不同的区域出现不同的偏好。根据批发价及制造商对渠道控制力的比较，将可行域R分为"a""b""c""d"四个小区域，如图4-5所示。

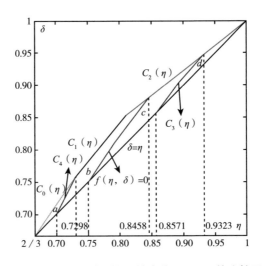

图4-5 两种双渠道环境下批发价和RGM的比较区域

图 4 - 5 显示，当（η，δ）在区域"a"时，$w_2^* > w_1^*$ 且 $k_2^* < k_1^*$。说明制造商双渠道结构下的批发价比零售商双渠道结构下的批发价低，制造商对渠道的控制力也比零售商双渠道结构下弱，故零售商在此"a"区域更偏好制造商双渠道而不是零售商双渠道。当（η，δ）在区域"b"或者"c"时，$w_2^* > w_1^*$ 且 $k_2^* > k_1^*$。然而零售商在"b"区域偏好制造商双渠道，在"c"区域却偏好零售商双渠道。为什么在批发价和制造商对渠道的控制力满足相同的条件下，零售商偏好的渠道结构会不同呢？这是因为价格折扣率和消费者对网络渠道的认可度对供应链的定价决策及利润有不同的影响。比如，固定消费者对网络渠道的认可度 δ，区域"b"内的价格折扣率就比"c"内的价格折扣率要低，也就是说，零售商双渠道上的网络价格要低，此时零售商就比较偏爱制造商双渠道。相反，如果固定网络价格折扣率，消费者对网络渠道的认可度在"c"内比较低，此时零售商就比较偏爱零售商双渠道。当（η，δ）在区域"d"时，$w_2^* < w_1^*$ 且 $k_2^* > k_1^*$。说明零售商双渠道结构下的批发价比制造商双渠道结构下的批发价低，制造商对渠道的控制力也比制造商双渠道结构下弱，故零售商在"d"区域更偏好零售商双渠道而不是制造商双渠道。以上分析总结见表 4 - 4。

表 4 - 4　　　　　零售商在不同区域对两种双渠道的偏好

（η，δ）	w_t^* 之间的关系	k_t^* 之间的关系	零售商的偏好
a	$w_2^* > w_1^* > w_0^*$	$k_2^* < k_1^* < k_0^*$	模型 1
b	$w_2^* > w_1^* > w_0^*$	$k_1^* < k_2^* < k_0^*$	模型 1
c	$w_2^* > w_1^* > w_0^*$	$k_1^* < k_2^* < k_0^*$	模型 2
d	$w_1^* > w_2^* > w_0^*$	$k_1^* < k_2^* < k_0^*$	模型 2

4.5　参数的灵敏性分析

本节将继续研究价格折扣率和消费者对网络渠道的认可度对制造商双渠道和零售商双渠道价格、需求、有效需求及利润的影响。

4.5.1　价格折扣率对供应链定价策略的影响

首先，探讨线上价格折扣率对两种双渠道供应链的影响，给出命题4.4。

命题4.4　在可行域 R 上，关于价格折扣率在制造商双渠道满足性质如下。

（1）批发价满足性质：当（η，δ）$\in A$ 时，$\dfrac{\partial w_1^*}{\partial \eta} > 0$；当（$\eta$，$\delta$）$\in B$ 时，$\dfrac{\partial w_1^*}{\partial \eta} < 0$，这里 A、B 区域如图4-6所示。

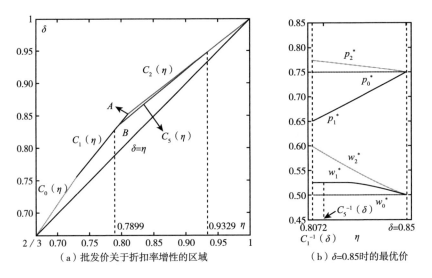

（a）批发价关于折扣率增性的区域　　（b）δ=0.85时的最优价

图4-6　折扣率对最优价格的影响

（2）零售价及需求满足：$\dfrac{\partial p_1^*}{\partial \eta} > 0$，$\dfrac{\partial q_{11}^*}{\partial \eta} > 0$，$\dfrac{\partial q_{12}^*}{\partial \eta} < 0$，$\dfrac{\partial q_1^*}{\partial \eta} < 0$。

（3）成员利润及供应链整体利润满足：$\dfrac{\partial \pi_{1M}^*}{\partial \eta} < 0$，$\dfrac{\partial \pi_{1R}^*}{\partial \eta} > 0$，$\dfrac{\partial \pi_{1D}^*}{\partial \eta} < 0$。

在零售商双渠道中满足性质如下。

（4）价格及需求满足：$\dfrac{\partial w_2^*}{\partial \eta} < 0$，$\dfrac{\partial p_2^*}{\partial \eta} < 0$，$\dfrac{\partial q_{21}^*}{\partial \eta} > 0$，$\dfrac{\partial q_{22}^*}{\partial \eta} < 0$，$\dfrac{\partial q_2^*}{\partial \eta} < 0$。

（5）成员利润及供应链整体利润满足：$\dfrac{\partial \pi_{2M}^{*}}{\partial \eta} < 0$，$\dfrac{\partial \pi_{2R}^{*}}{\partial \eta} > 0$，$\dfrac{\partial \pi_{2D}^{*}}{\partial \eta} > 0$。

证明：只给出命题 4.4（ⅰ）的证明。

$$\frac{\partial w_{1}^{*}}{\partial \eta} = \frac{(1 - \delta)}{(1 - \eta)^{2}(\eta^{2} - 3\delta\eta + 2\delta)^{2}}\left[\,(5 - 6\eta)\delta^{2} + (8\eta^{2} - 6\eta)\delta - \eta^{4}\,\right],$$

令 $C_{5}(\eta) = \dfrac{-2\eta^{2} + \sqrt{(2\eta^{2})^{2} - 4(3\eta - 2)(-\eta^{2}(\eta^{2}(\eta^{2} - 3\eta + 3)))}}{2(3\eta - 2)} =$

$\dfrac{\eta + (1 - \eta)\sqrt{6 - 3\eta}}{3\eta - 2}\eta$，$C_{5}(5/6) = \lim\limits_{\eta \to 5/6} C_{5}(\eta) = 125/144$，又有 $\dfrac{\partial w_{1}^{*}}{\partial \eta} > 0 \Leftrightarrow$

$\delta > C_{5}(\eta)$。后续分析类似命题 4.3 的证明。

从命题 4.4 中发现，除了 A 区域，随着在线价格折扣率的增加，制造商双渠道和零售商双渠道的批发价都是减少的，但是制造商双渠道的零售价是增加的，零售商双渠道的零售价是减少的。对制造商双渠道而言，制造商在 A 区域会随着价格折扣率的增加，提高批发价，零售商也会相应地增加自己的零售价。然而，有趣的是，当制造商在 B 区域随着价格折扣率的增加降低批发价时，零售商仍然会提高自己的零售价。因此，制造商引入网络渠道，价格折扣率发生变化将对零售商的定价策略有很大的挑战。与制造商双渠道不同，零售商双渠道的实体渠道和网络渠道都是零售商自己的，所以随着价格折扣率的增加制造商降低批发价，零售商自然而然地会步调一致地降低自己的零售价。

图 4-6（b）揭示了当消费者对网络渠道的认可度 $\delta = 0.85$，随着价格折扣率的增加，两种双渠道模式及单渠道供应链中，批发价和零售价之间的关系及变化情况。零售商双渠道下的批发价和零售价是三种渠道结构中最高的，因为引入网络渠道后，零售商是实体渠道和网络渠道的垄断者。然而，尽管制造商双渠道供应链下的批发价比单渠道供应链下的批发价要高，但是制造商双渠道供应链下的零售价是三种渠道结构下最低的。图 4-6（b）中的结果和命题 4.4 得出的结论是一致的，有意思的是，制造商双渠道供应链下的批发价随着价格折扣率的增加先增加一小步，然后再减少。

制造商双渠道和零售商双渠道的有效需求随着价格折扣率的变化而发

生的变化是一致的。换言之，无论谁在单渠道供应链的基础上引入网络渠道，随着价格折扣率的增加，供应链的总需求都是减少的，实体渠道的需求是增加的，网络渠道的需求也是减少的。这也说明，随着价格折扣率的增加，实体渠道需求的增量是无法弥补网络渠道需求的减少。因为无论是谁引入网络渠道，需求都会增加，所以从需求的角度来说，应该引入网络渠道。

我们对两种双渠道模式下成员的利润和供应链整体的利润随着网络价格折扣率的变化而发生的变化也进行了分析。任何一方引入网络渠道，制造商都会受益，因此制造商面临是自己引入还是零售商引入的选择，自己引入时，其利润最大，但是考虑到对网络市场的占有，包括与零售商的长期合作，可以给予零售商选择——是自己引入网络渠道还是接受制造商自己开通网络渠道。零售商是被迫接受自己或者制造商引入网络渠道的，其实它本身并不情愿，但基于强势的制造商，不得不在制造商双渠道和零售商双渠道之间进行选择，所以零售商期望价格折扣率越高越好，从命题4.4中可以得到，随着价格折扣率的增加，零售商的利润是增加的。与之相反，价格折扣率越高，网络渠道的作用就越受限制，所以随着价格折扣率的增加，制造商的利润是降低的。对制造商双渠道来说，价格折扣率越高，制造商拥有的网络渠道的作用也就越小，因此双重边际化效应越严重，渠道效率就会降低，整体供应链的利润将会随着价格折扣率的增加而降低。对零售商双渠道而言，制造商和零售商都随着价格折扣率的增加而降低价格，双重边际化效应将会得到缓解，供应链的渠道效率将会得到提高，因此，随着网络价格折扣率的增加，零售商双渠道供应链的整体利润是增加的。

4.5.2　消费者网络渠道认可度对定价策略的影响

最后探讨下消费者对网络渠道认可度对两种双渠道供应链决策的影响。给出命题4.5。

命题4.5　在可行域 R 上，关于消费者对网络渠道的认可度在制造商双渠道中满足性质如下。

（1）批发价满足以下性质：当 $(\eta,\delta) \in A$ 时，$\dfrac{\partial w_1^*}{\partial \delta} < 0$；当 $(\eta,\delta) \in B$ 时，$\dfrac{\partial w_1^*}{\partial \delta} > 0$，这里 A、B 区域如图 4-7 所示。

（2）零售价及需求满足以下性质：$\dfrac{\partial p_1^*}{\partial \delta} < 0$，$\dfrac{\partial q_{11}^*}{\partial \delta} < 0$，$\dfrac{\partial q_{12}^*}{\partial \delta} > 0$，$\dfrac{\partial q_1^*}{\partial \delta} > 0$。

（3）供应链成员利润及供应链整体利润满足以下条件：$\dfrac{\partial \pi_{1M}^*}{\partial \delta} > 0$，$\dfrac{\partial \pi_{1R}^*}{\partial \delta} < 0$，$\dfrac{\partial \pi_{1D}^*}{\partial \delta} > 0$。

在零售商双渠道中满足性质如下。

（4）价格及需求满足：$\dfrac{\partial w_2^*}{\partial \delta} > 0$，$\dfrac{\partial p_2^*}{\partial \delta} > 0$，$\dfrac{\partial q_{21}^*}{\partial \delta} < 0$，$\dfrac{\partial q_{22}^*}{\partial \delta} > 0$，$\dfrac{\partial q_2^*}{\partial \delta} > 0$。

（5）供应链成员利润及供应链整体利润满足：$\dfrac{\partial \pi_{2M}^*}{\partial \delta} > 0$，$\dfrac{\partial \pi_{2R}^*}{\partial \delta} < 0$，$\dfrac{\partial \pi_{2D}^*}{\partial \delta} < 0$。

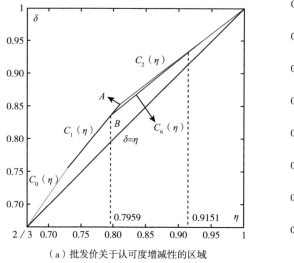

（a）批发价关于认可度增减性的区域

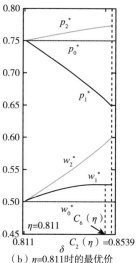

（b）$\eta=0.811$ 时的最优价

图 4-7 消费者对网络渠道的认可度对最优价格的影响

证明：类似命题 4.4，这里只给出命题 4.5（i）的证明。

$$\frac{\partial w_1^*}{\partial \delta} = \frac{1}{(1-\eta)\,(\eta^2 - 3\delta\eta + 2\delta)^2}\big[(3\eta - 2)\delta^2 + 2\eta^2\delta - \eta^4 + 3\eta^3 - 3\eta^2\big]_{\circ}$$

令 $C_6(\eta) = \dfrac{2\eta^2 - \sqrt{(-2\eta^2)^2 - 4(3\eta-2)\eta^2(\eta^2-3\eta+3)}}{2(3\eta-2)} = \dfrac{\eta + (1-\eta)\sqrt{6-3\eta}}{(3\eta-2)}\eta$

又有 $\dfrac{\partial w_1^*}{\partial \eta} > 0 \Leftrightarrow \delta < C_6(\eta)$，后续分析类似命题4.3的证明。

命题4.5表明，除了 A 区域，随着消费者对网络渠道认可度的增加，制造商双渠道和零售商双渠道的批发价都是增加的，但是制造商双渠道的零售价是减少的，零售商双渠道的零售价是增加的。对制造商双渠道而言，制造商在 A 区域会随着消费者对网络渠道认可度的增加降低批发价，零售商也会相应地降低自己的零售价。然而，有趣的是，当制造商在 B 区域随着消费者对网络渠道认可度的增加提高自己批发价时，零售商仍然会降低自己的零售价。因此，制造商引入网络渠道，消费者对网络渠道的认可度变化将对零售商的定价策略有很大的挑战。零售商双渠道的实体渠道和网络渠道都是零售商自己的，所以随着消费者对网络渠道认可度的增加，制造商提高批发价，零售商自然而然会步调一致地提高自己的零售价。

图4-7（b）揭示了，当 $\eta = 0.811$ 时，随着消费者对网络渠道认可度的增加，两种双渠道模式及单渠道供应链中批发价和零售价之间的关系及变化情况。结果与命题4.5是一致的，在制造商双渠道供应链中，批发价是先随着消费者对网络渠道认可度的增加而增加，但在最后一小步减小。

无论制造商双渠道还是零售商双渠道，消费者对网络渠道较高的认可度都可以增加网络渠道需求及供应链的总需求，但是由于消费者对网络渠道认可度的增加会更加侵占实体渠道的需求，零售商实体渠道的利润将会降低。根据命题4.3，由于引入网络渠道零售商的利润会降低，制造商的利润会升高，所以随着消费者对网络渠道认可度的增加，零售商利润会降低，制造商的利润会增加。另外，在制造商双渠道中，随着消费者对网络渠道认可度的增加，双重边际化效应得到缓解，渠道效率提高，也就是，供应链的整体利润会随着消费者对网络渠道认可度的增加而增加。在零售商双渠道中，随着消费者对网络渠道认可度的增加，制造商和零售商分别提高批发价和零售价，双重边际化效应进一步恶化，渠道效率降低，因此，供应链的整体利润会随着消费者对网络渠道认可度的增加而降低。

4.6 结 论

本章在统一框架下分别从制造商角度和零售商角度研究了双渠道开通的问题，将制造商引入网络渠道的模式称为制造商双渠道（模型1），将零售商引入网络渠道的模式称为零售商双渠道（模型2）。假设消费者对网络渠道比对实体渠道具有较低的估值，并在网络渠道设置了一个价格折扣率。将只有一个制造商和只有一个零售商的单渠道供应链作为基准，用 Stackelberg 博弈求得了均衡解。对三种供应链结构下的最优价格、最优需求及成员利润和供应链整体利润进行了两两比较。

结果表明，无论谁引入网络渠道，供应链的总需求及制造商的利润都会增加，但零售商的利润却会降低。注意，将单渠道供应链作为基准比较，制造商双渠道供应链的整体利润会增加，双重边际化效应会得到缓解，但是对零售商双渠道而言，供应链整体利润会降低，双重边际化效应会进一步恶化。

第 5 章

考虑消费者渠道偏好的多渠道
供应链定价决策研究

本章基于消费者的渠道偏好研究多渠道供应链系统的定价决策问题，这里的多渠道指的是二级供应链中除了传统零售商的实体渠道，制造商和零售商分别还开设了自己的网络渠道，形成多渠道供应链系统。采用 Stack-elberg 博弈建立模型并求出其均衡解。通过和传统的单渠道供应链均衡结果比较，发现网络渠道的开通会使得制造商对渠道的控制力增强，制造商决策的批发价升高，最优利润升高。而零售商则会在自己所占网络市场份额比较小时降低零售价，比较大时提高零售价，其最优利润是降低的。最后，数值实验表明，制造商的最优利润随着网络价格折扣率（消费者对网络渠道的认可度）的增加而减少（增加）；零售商最优利润则随着网络价格折扣率（消费者对网络渠道的认可度）的增加而增加（减少）。随着零售商所占网络市场份额的增加，制造商的最优利润减少；零售商的最优利润并不随着其所占网络市场份额呈现单调性。

5.1　引　　言

第 4 章研究了制造商引入网络渠道和零售商引入网络渠道之间的策略比较问题，分别从制造商和零售商的角度分析了两种双渠道的优劣。但在现实生活中，除了有制造商在原有零售实体渠道引入网络渠道（制造商双渠道）和零售商在原有的零售实体渠道上引入网络渠道（零售商双渠道）外，还有在传统零售实体渠道基础上，零售商和制造商均开通互联网渠道的情况，如服装行业的一些品牌（Tommy 和 Ralph Lauren）。根据第 3 章国内外研究发展的文献综述可知，双方均在零售实体渠道的基础上引入网络渠道的研究还是比较少的，为了弥补现有文献的不足及给予实践更好的指导，本章将探讨供应链双方均在实体渠道的基础上引入网络渠道的定价策略问题。

本章将在第 4 章条件不变的情况下，进一步考虑供应链双方（即制造商和零售商）均引入网络渠道后，供应链的定价决策问题。主要解决以下四个问题：（1）基于消费者均为偏实体店消费者并可以以折扣价从网络渠道购买商品，当制造商和零售商均引入网络渠道时，供应链双方是如何定价的？（2）与单渠道情况相比较，定价及最优利润有何变化？（3）价格及最优利润关于价格折扣率及消费者对网络渠道的认可度是如何变化的？（4）零售商所占网络市场份额对供应链的定价及最优利润有什么影响？

为了解决以上问题，首先，运用博弈理论求出了双方均引入网络渠道的均衡解。其次，以单渠道供应链为基准，探讨了双方均引入网络渠道后，制造商和零售商价格的变化、制造商对市场控制力的变化，以及各自利润的变化。最后，分析了制造商和零售商所占网络市场份额对整个供应链的定价及利润的影响。

5.2 问题描述

如图 5 - 1 所示，考虑由一个制造商、一个零售商及偏好实体渠道的消费者构成的多渠道供应链。制造商作为 Stackelberg 博弈的领导者对零售商有充分的渠道权利，制造商通过独立的零售商及自己的网络渠道销售产品，零售商拥有双渠道销售模式（网络渠道和实体渠道）。零售商以制造商决策的批发价格 w 从制造商处购买产品，然后再通过自己的实体店和网络渠道销售给消费者。消费者除了在实体店可以以零售商决策的价格 p 购买产品外，还可以以价格 $\eta p (0 < \eta < 1)$ 在制造商网络渠道及零售商网络渠道购买到该产品。另外，为了简化计算，假设制造商的生产成本及实体和网络渠道成本均为 0。供应链成员是风险中性的且其所拥有的信息是一致的。

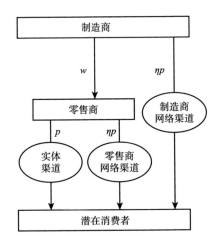

图 5 – 1　供应链双方都引入网络渠道的结构图

不失一般性，类似蒋等（Chiang et al.，2003）所采用的假设，制造商只生产一种产品并且每个消费者只能购买一单位产品，潜在的消费者总数为 1。进一步，与第 4 章一样，消费者在实体渠道的支付意愿均是 v，且 $v \sim U[0,1]$，在网络渠道的支付意愿为 δv，其中 $\delta \in (0,1)$，则消费者在实体渠道和网络渠道购买产品的净效用分别为：$u_P = v - p$，$u_I = \delta v - \eta p$。如果 $u_P \geqslant 0$ 并且 $u_P \geqslant u_I$，此时消费者净效用在 $\left[\dfrac{1-\eta}{1-\delta}p, 1\right]$ 区间，消费者将会在实体渠道购买；如果 $u_I \geqslant 0$ 并且 $u_I \geqslant u_P$，消费者净效用在 $\left[\dfrac{\eta}{\delta}p, \dfrac{1-\eta}{1-\delta}p\right]$ 区间，消费者将会在网络渠道购买。同时，为了保证实体渠道和网络渠道均存在，两个渠道的需求必须均是正的，故 $0 < \eta < \delta < 1$。

实体渠道和网络渠道的有效需求分别为：

$$q_P = 1 - \frac{1-\eta}{1-\delta}p \qquad\qquad (5-1)$$

$$q_1 = \left(\frac{1-\eta}{1-\delta} - \frac{\eta}{\delta} \right) p \qquad (5-2)$$

供应链总有效需求为：

$$q = q_P + q_l = 1 - \frac{\eta}{\delta} p \qquad (5-3)$$

显然，在此问题中需要满足 $0 < w < p$ 且 $p < \min\left\{ \frac{1-\delta}{1-\eta}, \frac{\delta}{\eta} \right\}$，而且，$w < \eta p$；结合双渠道存在的条件 $0 < \eta < \delta < 1$，可以得到在该供应链中需要满足：

$$\begin{cases} 0 < w < \eta p \\ p < \dfrac{1-\delta}{1-\eta} \end{cases} \qquad (5-4)$$

由 4.3.1 节可以得到在双方均不引入网络渠道情况下的单渠道供应链的均衡解和利润。制造商和零售商的最优决策为 (w_0^*, p_0^*)。其中 $w_0^* = 1/2$，$p_0^* = 3/4$。制造商和零售商的最优利润为 $\pi_{0M}^* = 1/8$，$\pi_{0R}^* = 1/16$。下节将以此结果为基准探讨制造商和零售商均引入网络渠道时供应链定价策略的变化。

5.3　多渠道供应链模型的建立

假设零售商网络渠道的需求与制造商网络渠道的需求比例为 $s:(1-s)$。制造商作为 Stackelberg 博弈的领导者，根据逆向归纳法，给定制造商决策的批发价 w，零售商决策问题为：

$$\max_{0<p<1} \pi_R = \left(1 - \frac{1-\eta}{1-\delta} p \right)(p-w) + s \left(\frac{1-\eta}{1-\delta} - \frac{\eta}{\delta} \right) p(\eta p - w) \qquad (5-5)$$

由一阶最优条件可得零售商的反应函数为：

$$p^* = \frac{\delta - \delta^2 - [\delta - \delta\eta - s(\delta - \eta)]w}{2[\delta - \delta\eta - s(\delta - \eta)\eta]} \qquad (5-6)$$

根据零售商的反应函数，制造商的决策问题为：

$$\max_{0 < w < 1} \pi_M = \left(1 - \frac{1-\eta}{1-\delta}p^*\right)w + s\left(\frac{1-\eta}{1-\delta} - \frac{\eta}{\delta}\right)p^*w + (1-s)\left(\frac{1-\eta}{1-\delta} - \frac{\eta}{\delta}\right)\eta\,(p^*)^2$$

$$(5-7)$$

命题 5.1 当制造商和零售商均开通网络渠道时,制造商和零售商的最优决策为 (w^*, p^*)。其中:

$$w^* = \frac{\delta(1-\eta)(\delta-\eta^2) + s(\delta-\eta)(4\delta\eta^2 - 6\delta\eta + \eta^2 + \delta) + s^2(\delta-\eta^2)\eta^2}{[\delta(1-\eta) - s(\delta-\eta)]^2[\delta(2-3\eta) + \eta^2 - s\eta(\delta-\eta)]}$$

$$(5-8)$$

$$p^* = \frac{(1-\delta)\delta[s\eta(1+2\eta) + \delta(3-s-3\eta-2s\eta)]}{2[s\eta + \delta(1-s-\eta)][(1+s)\eta^2 + 2\delta - (3+s)\delta\eta]} \quad (5-9)$$

将 p^* 和 w^* 代入式（5-5）和式（5-7）可以得出零售商的最优利润 π_R^* 与制造商的最优利润 π_M^*,由于其表达式比较复杂,在此就不再给出具体形式。其可行域仍然为第 4 章的 R 区域。

5.4 模型分析

5.4.1 开设网络渠道对供应链决策的影响分析

这部分将在均衡解的基础上进一步对制造商、零售商的定价策略及零售商所占网络市场份额 s 对供应链的影响进行分析。

命题 5.2 当 $s = 0$ 时,相当于制造商开通双渠道;当 $s = 1$ 时,相当于零售商开通双渠道。

当制造商网络渠道的需求占领了整个网络市场时,相当于制造商开通实体渠道和网络渠道双渠道的模式;当零售商网络渠道的需求占领了整个网络市场时,相当于零售商开通实体渠道和网络渠道的双渠道模式。

进一步,探讨下网络渠道被引入之后,制造商对渠道控制力的影响,由第 4 章得到单渠道的边际毛利润为 $k_0^* = (p_0^* - w_0^*)/p_0^*$,供应链双方均引入网络渠道后的边际毛利润为 $k^* = (p^* - w^*)/p^*$。根据第 4 章可知,*RGM*

越低，表示边际毛利润越低，制造商的渠道控制力越大。

命题 5.3 在零售商实体渠道的基础上，制造商和零售商均开通网络渠道，零售商的边际毛利润降低，制造商对渠道的控制力度增强，即 $k^* < k_0^*$。

证明：

$$k^* - k_0^* = -\frac{2(\delta - \eta)f(s)}{3\left[(\delta - \eta)s - \delta(1 - \eta)\right]\left[(\delta - \eta)(1 + 2\eta)s - 3\delta(1 - \eta)\right]}$$

$$(5-10)$$

$$k^* < k_0^* \Leftrightarrow f(s) > 0 \qquad (5-11)$$

故，$k^* < k_0^* \Leftrightarrow f(s) > 0$，其中 $A = -(\delta - \eta)(1 + 2\eta - 6\eta^2) > 0$，$C = 3\eta(1 - \eta)\delta > 0$，$f(0) = C > 0$，$f(1) = A + B + C = g(\delta)$。

由于 $g(\delta)$ 在可行域内关于 $\delta \in [\eta, C_1(\eta)]$ 是一次单调递减的，$g(C_1(\eta)) > 0$，所以 $f(1) > 0$。

当 $\eta > 0.695409$ 时，$f'(1) = 2A + B = h(\delta) < 0$（开口向上，对称轴在 $s = 1$ 的右边，在 $0 < s < 1$ 是单调递减的），此时对 $0 \leqslant s \leqslant 1$，$f(s) > 0$；

当 $0.689655 < \eta < 0.695409$ 时，极值 $f(-B/2A) > 0$；

当 $2/3 < \eta < 0.689655$ 时，$B > 0$，$-\dfrac{B}{2A} > 0$（开口向上，对称轴在 $s = 0$ 的左边，在 $0 < s < 1$ 是单调递增的）。此时对 $0 \leqslant s \leqslant 1$，$f(s) > 0$。证毕。

这说明一旦引入网络渠道，作为主导者，制造商将对市场的控制力更强，零售商将会处于更加劣势的地位，换言之，零售商的处境将会变得更加被动。

命题 5.4 在零售商实体渠道的基础上，制造商和零售商均开通网络渠道，会使得制造商决策的批发价增加，即 $w^* > w_0^*$。

证明：

$$w^* - w_0^* = \frac{(\delta - \eta)(As^3 + Bs^2 + Cs + D)}{2(-\delta + s\delta - s\eta + \delta\eta)^2(-2\delta + 3\delta\eta + s\delta\eta - \eta^2 - s\eta^2)}$$

$$(5-12)$$

分母小于 0，故 $w^* > w_0^* \Leftrightarrow f(s) = As^3 + Bs^2 + Cs + D < 0$，其中，

$$\begin{cases} A = -(\delta - \eta)^2 \eta < 0, B = (\delta - \eta)[\eta^2 + 4\delta^2 \eta^2 + \delta(2 - \eta - 6\eta^2)] > 0 \\ C = \delta[\delta^2(2 - 12\eta + 8\eta^2) + \delta(-6 + 21\eta^2 - 10\eta^3 - \eta^3) + (-4\eta^2 + 2\eta^3)] \\ D = \delta^2(1 - \eta)(2\delta - 3\eta + \eta^2) < 0 \end{cases}$$

$$(5-13)$$

同命题 5.3 的证明可以得到：$f(0) < 0$，$f(1) < 0$，所以 $f(s)$ 在 $(0, 1)$ 是单调的。可以求得 $f(s)$ 的驻点：

$$f'(s) = 3As^2 + 2Bs + C = 0 \Leftrightarrow s = \frac{-B \pm \sqrt{B^2 - 3AC}}{3A} \qquad (5-14)$$

当 $C > 0$ 时，

$$\max\left\{\frac{-B \pm \sqrt{B^2 - 3AC}}{3A}\right\} = \frac{-B - \sqrt{B^2 - 3AC}}{3A} > 1$$

$$\Leftrightarrow -B - \sqrt{B^2 - 3AC} < 3A$$

$$\Leftrightarrow -\sqrt{B^2 - 3AC} < 3A + B \qquad (5-15)$$

可以证明 $3A + B > 0$，所以上式恒成立。

当 $C = 0$ 时，

$$\min\left\{\frac{-B \pm \sqrt{B^2 - 3AC}}{3A}\right\} = \frac{-B + \sqrt{B^2 - 3AC}}{3A} > 1$$

$$\Leftrightarrow -B + \sqrt{B^2 - 3AC} < 3A$$

$$\Leftrightarrow \sqrt{B^2 - 3AC} < 3A + B \qquad (5-16)$$

$$\Leftrightarrow B^2 - 3AC < (3A + B)^2$$

$$\Leftrightarrow -3AC < 9A^2 + 6AB$$

可以证明 $9A^2 + 6AB > 0$，故上式恒成立。如果 $B^2 - 3AC < 0$，$f(s)$ 没有极值点，则 $f(s) < 0$。证毕。

由命题 5.3 的结果可知，引入网络渠道后，制造商对市场的控制力会增加，换言之，制造商具有更多的权利，那么为了追求更高的利润，制造商

必定会提高批发价。

由命题 5.3 和命题 5.4 可以断定，从制造商的角度，其必定是倾向于开通网络渠道的，开通网络渠道必定会提高制造商的最优利润，但从零售商的角度来看，其最优利润必定会降低。命题 5.5 证明了引入网络渠道后，制造商的最优利润确实提高了，数值实验进一步证实了命题 5.5 的结论是正确的，并验证了引入网络渠道后，零售商的最优利润确实降低了。

命题 5.5　在零售商实体渠道的基础上，制造商和零售商均开通网络渠道，制造商的最优利润增加，即：$\pi_M^* > \pi_{0M}^*$。

证明：

$$\frac{\partial \pi_M^*}{\partial s} = \frac{(1-\delta)\delta(\delta-\eta)}{4\left(-\delta+s\delta-s\eta+\delta\eta\right)^3\left(-2\delta+3\delta\eta+s\delta\eta-\eta^2-s\eta^2\right)^2} f(s) > 0$$

$$\Leftrightarrow f(s) = As^3 + Bs^2 + Cs + D < 0 \tag{5-17}$$

其中，

$$\begin{cases}
A = (\delta-\eta)^3\eta(1+4\eta^2) > 0 \\
B = -(\delta-\eta)^2\eta(-5\delta+29\delta\eta-8\eta^2-20\delta\eta^2+4\delta\eta^3) < 0 \\
C = -(\delta-\eta)\big[(8-47\eta+74\eta^2-55\eta^3+24\eta^4)\delta^2 \\
\qquad + (12\eta^2-16\eta^3+4\eta^4-8\eta^5)\delta + 4\eta^4\big] \\
D = \delta(1-\eta)\big[(-8+27\eta-42\eta^2+27\eta^3)\delta^2 \\
\qquad + (4\eta^2-12\eta^4)\delta + 4\eta^4\big] > 0
\end{cases} \tag{5-18}$$

$f(1) = A + B + C + D = g(\delta) = A_1\delta^3 + B_1\delta^2 + C_1\delta + D_1$，其中 $A_1 < 0$，$g(\delta=0) > 0$，$g(\delta=C_1(\eta)) > 0$，$g(\delta=1) < 0$，$g'(\delta=1) > 0$，所以 $g(\delta)$ 在 $(0, C_1(\eta))$ 单调减少，$f(1) = g(\delta) > 0$，$f(0) > 0$，$f'(1) < 0$，所以 $0 < s < 1$ 时，$f(s) > 0$，而根据第 4 章可以知道 $f(s=0) = \pi_{1M}^* > \pi_{0M}^*$。证毕。

命题 5.5 证实了命题 5.3 给出的控制力的增强会使得制造商作为 Stackelberg 博弈的领导者开通网络渠道确实可以获取更高的利润，而零售商作为被领导者，由于引入网络渠道之后，制造商对渠道的控制力增强，使得零售商的地位更加不利，零售商是不乐意开通网络渠道的。在数值实验部分将给予验证零售商的最优利润在引入网络渠道后确实是降低的。

5.4.2 零售商所占网络市场份额的影响分析

命题 5.6 当零售商所占网络市场份额 $0 < s < s^*$ 时，引入网络渠道之后的零售商决策的价格会比单渠道时低，即 $p^* < p_0^*$；当零售商所占网络市场份额 $s^* < s < 1$ 时，引入网络渠道之后的零售商决策的价格会比单渠道时要高，即 $p^* > p_0^*$。

证明：

$$p^* - p_0^* = \frac{(\delta - \eta)(As^2 + Bs + C)}{4[-\delta + s(\delta - \eta) + \delta\eta][-2\delta + 3\delta\eta^2 - \eta^2 + s(\delta\eta - \eta^2)]}$$

$$(5 - 19)$$

这里 $f(s) = As^2 + Bs + C$，$A = -3(\delta - \eta)\eta < 0$，$B = B(\delta) = (2 + 4\eta)\delta^2 + (4 - 10\eta - 3\eta^2)\delta + 3\eta^2$，$C = -3\delta(2\delta - \eta)(1 - \eta)$ 用和命题 5.3 类似的证明可以得到，在可行域 R 上 $f(1) = A + B + C = g(\delta) = (-4 + 10\eta)\delta^2 + (4 - 10\eta - 6\eta^2)\delta + 6\eta^2 > 0$，$f(1) = 2A + B = h(\delta) = (2 + 4\eta)\delta^2 + (4 - 16\eta - 3\eta^2)\delta + 9\eta^2 > 0$，$B(\delta) > 0$，故 $f(s)$ 开口向上，截距小于 0，在 $0 < s < 1$ 与横轴有一个交点。经过计算可以得到：

$$s^* = \frac{3\eta^2 + (4 - 10\eta - 3\eta^2)\delta - 2(1 + 2\eta)\delta^2}{6(\delta - \eta)\eta}$$

$$- \frac{\sqrt{\begin{array}{l} -36\delta(\delta - \eta)(2\delta - \eta)(1 - \eta) + [3\eta^2 + \\ (4 - 10\eta - 3\eta^2)\delta + 2(1 + 2\eta)\delta^2]^2 \end{array}}}{6(\delta - \eta)\eta} \quad (5 - 20)$$

证毕。

这说明当零售商与制造商均引入网络渠道时，如果零售商占有的网络市场比较少，零售商会决策出低于单渠道时的价格，此时相比较单渠道供应链，双重边际化效应得到缓解；当零售商占有的网络市场份额比较多的时候，零售商会决策出高于单渠道时的价格，此时相比较单渠道供应链，双重边际化效应会恶化。

命题 5.7　零售商的最优价格会随着零售商所占网络市场份额 s 的增加而增加，即 $\delta p^*/\delta s > 0$；制造商的最优利润随着零售商所占网络市场份额 s 的增加而减小，即 $\partial \pi_M^*/\partial s < 0$。

证明：

$$\frac{\partial p}{\partial s} = \frac{-(1-\delta)\delta(\delta-\eta)f(s)}{2(-\delta+s\delta-s\eta+\delta\eta)^2(-2\delta++3\delta\eta+s\delta\eta-\eta^2-s\eta^2)^2} > 0$$

$$\Leftrightarrow f(s) < 0 \tag{5-21}$$

其中，$f(s) = As^2 + Bs + C$，$A = -(\delta-\eta)^2\eta(1+2\eta) < 0$，$B = 6\delta(\delta-\eta)(1-\eta)\eta > 0$，$C = \delta(1-\eta)^2(-4\delta+3\delta\eta-2\eta^2) < 0$。在可行域内，

$$\begin{aligned}
f(1) &= A + B + C \\
&= g(\delta) = (-4+16\eta-18\eta^2+3\eta^3)\delta^2 \\
&\quad -2\eta^2(3-7\eta+\eta^2)\delta - \eta^3(1+2\eta) < 0 \tag{5-22} \\
f'(1) &= A + B + C = h(\delta) = -2\eta(-2+5\eta)\delta^2 \\
&\quad -2\eta^2(-1+7\eta)\delta - 2\eta^3(1+2\eta) > 0 \tag{5-23}
\end{aligned}$$

又因为 $f(s)$ 开口向下，截距为负，故 $0 < s < 1$ 时，$f(s) < 0$。
$\partial \pi_M^*/\partial s < 0$ 证明见命题 5.5。证毕。

命题 5.7 说明，随着零售商所占网络市场份额的增加，零售商会通过提高零售价来追求更高的利润；由于零售商抢占了较多的网络市场份额，所以制造商就失去了较多的网络市场份额，不难理解制造商的最优利润随着零售商所占网络市场份额的增加而减少。但是制造商的最优批发价及零售商的最优利润随着零售商所占网络市场份额的变化通过解析很难判断，关于这个问题，将在下一节通过数值实验给予直观的解释。

5.5　数值仿真与比较分析

本节将通过数值实验来分析供应链双方最优定价和最优利润关于参数网络折扣率 η、消费者对网络渠道认可度 δ 的变化，以及零售商所占网络市

场份额 s 的变化。另外也在直观上给出了引入网络渠道后，相比较单渠道供应链下，制造商决策的批发价、零售商决策的价格及制造商和零售商最优利润的变化。

首先分析网络折扣 η 及消费者对网络渠道的认可度 δ 分别对价格 p^*、批发价 w^*、零售商的最优利润 π_R^*、制造商的最优利润 π_M^* 的影响，网络折扣率 η 越大，网络价格与实体价格相差的相对值就越小。图 5-2 ~ 图 5-6 显示了网络折扣率 η 和消费者对网络渠道的认可度对渠道的影响是相反的。

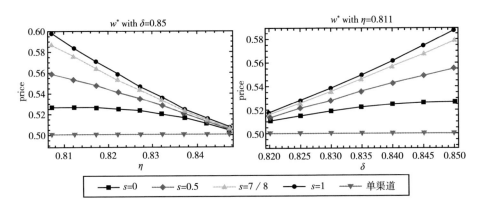

图 5-2　价格折扣率与消费者对网络渠道的认可度对批发价的影响

图 5-2 表明，制造商的最优批发价随着网络价格折扣率的增加而减少，随着消费者对网络渠道忠诚度的增加而增加，还表明了引入网络渠道会使得批发价升高。图 5-3 表明，当零售商所占网络市场份额比较高的时候，零售价会随着网络价格折扣率的增加而减少，随着消费者对网络渠道忠诚度的增加而增加，且高于单渠道供应链下的零售价；当零售商所占网络市场份额比较低的时候，零售价会随着网络价格折扣率的增加而增加，随着消费者对网络渠道忠诚度的增加而减少，且低于单渠道供应链下的零售价。图 5-2 和图 5-3 的结果与命题 5.4 和命题 5.6 是一致的。

图 5-4 表明，零售商最优利润随着网络折扣率 η 的增加而增加，却随着消费者对网络渠道认可度的增加而减少，且在引入网络渠道后，零售商的利润会降低。图 5-5 表明，制造商的最优利润随着网络折扣率 η 的增加

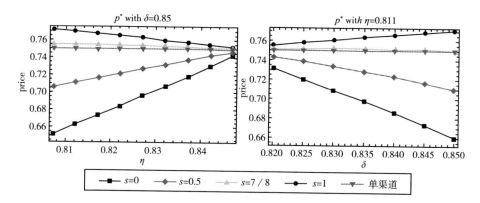

图 5 - 3　价格折扣率与消费者对网络渠道的认可度对零售价的影响

而减少，却随着消费者对网络渠道认可度的增加而增加，且在引入网络渠
道后，制造商的利润会增加。图 5 - 4 还显示了零售商的利润并不随着零售
商所占网络市场份额的变化呈现单调性，这点和图 5 - 8 的结果是相符的。
图 5 - 5 再次表明，制造商的利润会随着零售商所占网络市场份额的增加而
减少，此结果与命题 5.7 是相符的。

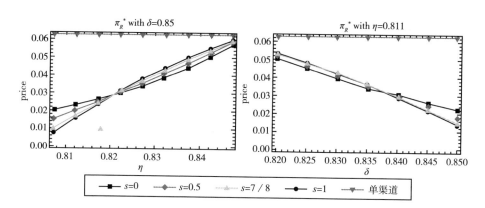

图 5 - 4　价格折扣率与消费者对网络渠道的认可度对零售商利润的影响

图 5 - 2 ~ 图 5 - 5 的数值实验表明，制造商决策的批发价及制造商的
最优利润均是随着网络折扣率 η（消费者对网络渠道的认可度 δ）的增加
呈现减少（增加）的趋势。零售商决策的价格在小于单渠道的定价时，
零售商最优利润均是随着网络折扣率 η（消费者对网络渠道的认可度 δ）

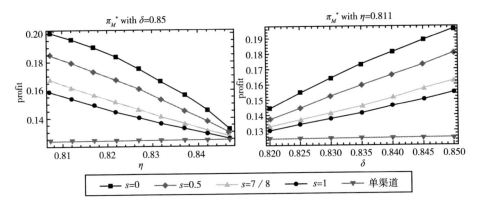

图 5-5 价格折扣率与消费者对网络渠道的认可度对制造商利润的影响

的增加呈现增加（减少）的趋势；零售商决策的价格在大于单渠道的定价时，零售商最优利润是随着网络折扣率 η（消费者对网络渠道的认可度 δ）的增加呈现减少（增加）的趋势。

图 5-6 表明，在零售商所占网络市场份额比较小的时候，供应链整体利润随着网络折扣率 η 的增加而增加，却随着消费者对网络渠道认可度的增加而减少，且在引入网络渠道后，供应链整体利润减少；在零售商所占网络市场份额比较大的时候，供应链整体利润随着网络折扣率 η 的增加而减少，却随着消费者对网络渠道认可度的增加而增加，且在引入网络渠道后，供应链整体利润增加。

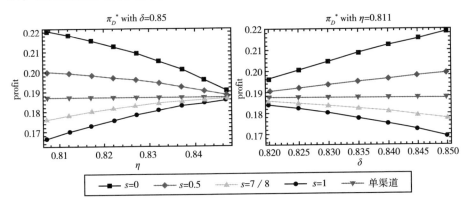

图 5-6 价格折扣率与消费者对网络渠道的认可度对供应链整体利润的影响

图 5-7 和图 5-8 从直观上给出了零售商所占网络市场份额 s 对批发价 w^*、零售商的最优利润 π_R^* 的影响。图 5-7 表明，制造商决策的批发价随着零售商所占网络市场份额 s 的变化有时是单调增加的，有时是单调减少的，所以针对零售商所占网络市场份额 s 的变化，制造商的批发价不太好确定。图 5-8 显示，零售商的最优利润随着零售商所占网络市场份额 s 的变化是微妙的，但零售商的最优利润要么在零售商所占网络市场份额为 $s=0$ 时达到最大值，要么在零售商所占网络市场份额在 $s=1$ 时达到最大值。

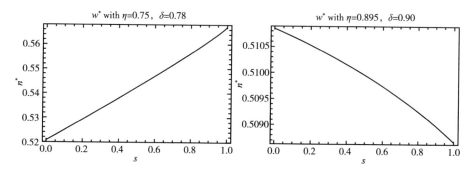

图 5-7　零售商所占网络市场份额 s 对批发价的影响

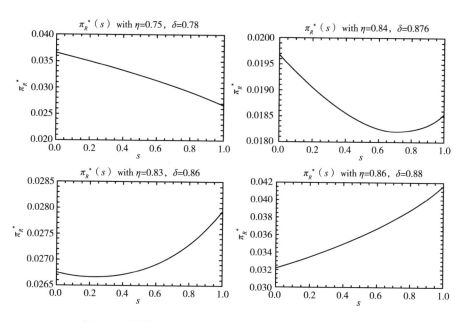

图 5-8　零售商所占网络市场份额 s 对零售商利润的影响

5.6 结 论

先前的研究大部分只考虑制造商开通网络渠道或者只考虑零售商开通网络渠道的情况，但是随着电子商务的迅速发展，很多产业的制造商和零售商均开通了网络渠道，比如，服装品牌 Tommy 和 Ralph Lauren。基于此，本章考虑制造商和零售商均引入网络渠道后，供应链结构变化引起的决策问题。假设消费者均为偏实体店消费者并可以以折扣价从网络渠道购买商品，用 Stackelberg 博弈分析了在传统零售实体渠道的基础上，制造商和零售商均开通网络渠道的定价决策问题。通过和传统的单渠道供应链均衡结果比较，发现网络渠道的开通会使得制造商对渠道的控制力增强，制造商决策的批发价升高，最优利润升高。而零售商则会在自己所占网络市场份额比较小时降低零售价，比较大时提高零售商决策的价格，其最优利润则是降低的。最后，数值实验表明，制造商决策的批发价及制造商的最优利润均是随着网络折扣率（消费者对网络渠道的认可度）的增加呈现减少（增加）的趋势；零售商决策的价格（小于单渠道的定价时）及零售商最优利润均是随着网络折扣率（消费者网络渠道的认可度）的增加呈现增加（减少）的趋势；零售商决策的价格（大于单渠道时的定价时）是随着网络折扣率（消费者网络渠道的认可度）的增加呈现减少（增加）的趋势；随着零售商占有网络市场份额 s 的增加，零售商决策的价格及制造商的最优利润均会增加，但是制造商决策的批发价和零售商的最优利润变化则比较微妙，有时增加，有时减少。

第 6 章

考虑风险规避型制造商的
双渠道供应链定价策略研究

本章考虑一个风险规避型制造商和一个风险中性零售商组成的双渠道供应链，针对实体渠道和网络渠道偏好不同的两种类型消费者，建立了 Stackelberg 博弈的定价策略模型。通过和供应链成员完全风险中性下的均衡结果比较，发现风险规避时制造商追求高利润必定会承担高风险，且当其风险管控因子在一定范围内时，有两个最优批发价使得制造商的利润相同。通过分析可知，制造商选择低定价对零售商、消费者及供应链整体利润均有利，但对其渠道的控制力减弱。数值实验表明，当消费者对实体渠道的忠诚度一定时，存在合适的风险管控因子，使得零售商的利润和供应链总利润达到最优。当消费者对实体渠道的忠诚度增加时，同制造商风险中性时相比较，零售商的最优利润和供应链最优总利润增幅增大。

6.1　引　　言

第 4 章与第 5 章是在假设消费者为偏实体渠道的情况下进行的研究，但随着网络零售渠道的普及化和移动化，网购群体主流的年龄跨度开始增大，萧和陈（Hsiao and Chen, 2014）就将消费者分成了两种类型：偏实体渠道消费者和偏网络渠道消费者。双渠道销售模式，一方面，必定会造成实体渠道与网络渠道之间的竞争问题；另一方面，由于消费者可以通过多种渠道购买同一种产品，很容易形成一些消费者喜欢网上购物，另一些消费者喜欢实体渠道购物，这两方面都会导致需求不确定性的增加，供应链成员的风险意识增强（Ahn et al.，2002），使得供应链成员在决策中存在风险规避的行为。

第3章综述了国内外学者关于双渠道的定价策略问题，另外，为了缓解双渠道中的冲突，很多学者研究了双渠道供应链中的一致定价策略（Cattani et al.，2006；Ernst，2001；Webb，2002）。如恩斯特（Ernst，2001）通过实证研究表明，有2/3的制造商在双渠道供应链中会采取一致定价策略。韦伯（Webb，2002）研究也表明，一致定价可以降低两个渠道之间的冲突。

崔等（Choi et al.，2008）认为，决策者是以期望利润最大或者期望耗费成本最低进行决策的。然而，预期绩效高度依赖于与其相关联的方差。例如，如果目标是最大化利润，预期利润自然是一种性能测量标准，然而，如果利润的方差很大，则偏离预期利润的机会将会很高。除非供应链在相同条件下长期运作，否则用期望利润作为供应链绩效唯一的测量标准是不够充分的，而且，不同的决策者对风险具有不同的规避态度，如何将个体的风险规避融入应用和可实施的决策框架是非常重要的。崔等（Choi et al.，2008）研究发现，均值方差理论为随机供应链模型的风险管控科学研究提供了一套系统的框架。吉姆纳格和吉斯卡（Jammernegg and Kischka，2007）通过实验表明，实际的定价与模型所求得的最大化期望收益时决策的价格是有所差异的，决策者定价会受风险偏好的影响。

本章采用崔等（Choi et al.，2008）所用的均值方差方法度量制造商风险规避度，基于消费者分为偏实体渠道消费者和偏网络渠道消费者的情况，考虑制造商风险管控下的四个问题：（1）制造商何时风险管控有效？（2）相比较风险管控无效时，风险管控有效时定价策略及制造商对渠道控制力是如何变化的？（3）风险管控的强弱变化对供应链的定价、利润有什么影响？（4）偏实体渠道消费者所占的比例变化对供应链各成员会产生什么样的影响？

针对以上四个问题，本章构建了一个制造商、一个零售商与两种不同渠道偏好的消费者构成的双渠道供应链，以风险中性下双渠道供应链为基准，探讨了制造商考虑风险规避时供应链定价策略的变化，以及风险管控因子与消费者对实体渠道的忠诚度对双渠道供应链各方成员的决策影响。

6.2　问题描述

考虑消费者面对制造商开通的双渠道会有不同的渠道偏好，为了研究消费者这种行为下零售商风险规避对双渠道定价决策的影响，假设制造商只生产一种产品，并且每个消费者愿意购买一个且只购买一个单位的产品。假设市场规模是 a，且 a 是不确定的，即定义 $a = \tilde{a} + \varepsilon$，这里 $\tilde{a}$ 是一个常数，ε 是一个随机变量并且 $\varepsilon \sim N(0, \sigma^2)$。进一步假设 $\tilde{a} = 1$，因此 $a \sim N(1, \sigma^2)$。消费者分为两类，即在实体渠道获得更高价值的实体店购物者和在互联网渠道获得更高价值的互联网购物者。实体店购物者和互联网购物者的比例分别表示为 s 和 $1 - s$。

假设消费者从实体渠道获得的价值是 v，且 $v \sim U[0, 1]$，实体店购物者从互联网渠道购物获得的价值是 $\alpha v (0 < \alpha < 1)$，互联网购物者从互联网渠道购物获得的价值是 βv，由于互联网购物者从互联网渠道获得了更高的价值，所以 $\beta > 1$，进一步假设 $\beta < 2$，否则，我们需要根据 β 来限制 s 的范围，以确保渠道中的两个代理都能盈利。

显然，对于实体店购物者或网上购物者来说，如果他或她从实体渠道购买产品，他或她将获得净效用分别为 $u_{g-p} = v - p$ 和 $u_{i-p} = v - p$。然而，如果一个实体店购物者从互联网渠道购买产品，他或她将获得的净效用为 $u_{g-i} = \alpha v - p$，因为 $u_{g-p} > u_{g-i}$，实体店购物者只从实体渠道购买产品。如果一个网上购物者从网上渠道购买产品，他或她将获得的净效用为 $u_{i-i} = \beta v - p$。因为 $u_{i-i} > u_{i-p}$，网上购物者只会从网上渠道购买该产品。

只有当实体店购物者在实体渠道中得到正向效用时，即 $u_{g-p} > 0$（i. e.，$v \in [p, 1]$），他或她才会进行购买。然后，考虑到实体店购物者的比例，我们得到了物理渠道的需求 $q_p = sa(1 - p)$。同样地，对于那些在互联网渠道中获得正向效用的互联网购物者来说，即 $u_{i-i} > 0$（i.e.，$v \in \left[\dfrac{p}{\beta}, 1\right]$），也将

会进行购买，因此互联网渠道的需求函数为 $q_i = (1-s)a\left(1 - \dfrac{p}{\beta}\right)$。

　　本章主要考虑制造商作为 Stackelberg 博弈的领导者且具有风险规避行为
下，消费者具有两种不同的渠道偏好类型时，在制造商考虑风险规避行为
下制造商双渠道的定价策略和不考虑风险规避行为时的定价策略有什么不
同。基于此，首先建立双渠道环境下制造商与零售商均风险中性时的模型
并进行求解，以便将其作为比较的基准。

6.3　模型建立与求解

6.3.1　成员风险中性下的模型建立

　　作为比较的基准，本节首先给出制造商和零售商均完全理性行为下供
应链模型的博弈均衡解。博弈的时序为：制造商先制定批发价格 w，基于此
批发价，零售商决策其零售价 p。

　　在批发价合同下，制造商和零售商都追求各自的利润最大化。此时，
零售商的决策问题为：

$$\max_{0 < p < 1} E(\pi_r) = s(1-p)(p-w) \qquad (6-1)$$

显然，$E(\pi_r)$ 是关于 p 的凹函数，根据一阶最优条件可得：

$$p^* = (1+w)/2 \qquad (6-2)$$

而制造商的决策问题为：

$$\max_{0 < w < 1} E(\pi_m) = s(1-p^*)w + (1-s)\left(1 - \dfrac{p^*}{\beta}\right)p^* \qquad (6-3)$$

由式（6-2）与式（6-3），可得最优批发价 w_0^*、最优零售价 p_0^*、最优制
造商利润 $E(\pi_m^*)_0$ 和最优零售商利润 $E(\pi_r^*)_0$ 分别为：

$$w_0^* = \frac{\beta - 1 + s}{1 - s + 2s\beta} \qquad (6-4)$$

$$p_0^* = \frac{\beta(1 + 2s)}{2(1 - s + 2s\beta)} \qquad (6-5)$$

$$E(\pi_m^*)_0 = \frac{\beta + 4s(1 - s)(\beta - 1)}{4(1 - s + 2s\beta)} \qquad (6-6)$$

$$E(\pi_r^*)_0 = \frac{s[2 - \beta + 2s(\beta - 1)]^2}{4(1 - s + 2s\beta)^2} \qquad (6-7)$$

因为 $0 < w < p < 1$，且为保证双渠道都存在市场需求，在 $0 < s < 1$ 条件下，得出偏网络消费者的网络渠道偏好度需满足 $\beta \in (1, 2)$。

6.3.2　考虑风险规避型制造商的模型建立

本节考虑制造商具有风险规避行为，而零售商是风险中性时的双渠道供应链的定价决策问题。同样，博弈的时序同上，即制造商先给出批发价格 w，然后零售商制定零售价格 p。则零售商的决策问题同式（6-1），且零售商的价格反应函数仍为 $p^* = (1 + w)/2$。

制造商的风险规避行为采用均值方差方法来度量，则制造商的决策问题为：

$$\begin{cases} \max_{0 < w < 1} E(\pi_m) = s(1 - p)w + (1 - s)(1 - p/\beta)p \\ \text{s. t.} \\ \sqrt{\mathrm{Var}(\pi_m)} = [s(1 - p)w + (1 - s)(1 - p/\beta)p]\sigma \leqslant K \end{cases} \qquad (6-8)$$

K 是制造商所能容忍的风险程度。K 越大，表示制造商对风险的容忍度也就越大；K 越小，表示制造商越趋于风险规避。把 $p^* = (1 + w)/2$ 代入上式进行计算，可得：

$$\begin{cases} \max_{0 < w < 1} E(\pi_m) = \frac{(1 - s + 2s\beta)}{4\beta}w^2 + \frac{(\beta - 1 + s)}{2\beta}w + \frac{(1 - s)(2\beta - 1)}{4\beta} \\ \text{s. t.} \\ E(\pi_m) \leqslant d \end{cases}$$

$$(6-9)$$

其中，$d = K/\sigma$，表示基本市场需求平均波动 1 个单位时，制造商所能容忍的风险程度。为了便于分析，定义 d 为制造商的风险管控因子。给定方差 σ，d 越大，制造商所能容忍的风险越大，风险管控也就越弱；反之，d 越小，制造商所能容忍的风险越小，风险管控也就越强。

求解模型（6-9），可得四种情况下的批发价。

当 $d \geq E(\pi_m^*)_0$ 时，模型退化为第 6.3.1 节中的供应链模型。

也就是说，当制造商所能容忍的风险足够大时，相当于放弃风险管控。此时模型等同于制造商风险中性时的情况。风险管控有效的情况如下。

当 $\max\left\{\dfrac{(1-s)(\beta-1)}{\beta}, \dfrac{(1-s)(2\beta-1)}{4\beta}\right\} < d < E(\pi_m^*)_0$ 时，所求批发

价为：$w_r^* = w_L = w_0^* - 2\sqrt{\Delta}$ 或 $w_r^* = w_H = w_0^* + 2\sqrt{\Delta}$，其中 $\Delta = \dfrac{\beta[E(\pi_m^*)_0 - d]}{1-s+2s\beta}$。

当 $\dfrac{(1-s)(\beta-1)}{\beta} < d \leq \dfrac{(1-s)(2\beta-1)}{4\beta}$ 时，$w_L \leq 0$，则 $w_r^* = w_H$。

当 $\dfrac{(1-s)(2\beta-1)}{4\beta} < d \leq \dfrac{(1-s)(\beta-1)}{\beta}$ 时，$w_H \geq 1$，则 $w_r^* = w_L$。

对应制造商取低批发价和高批发价时的零售价分别为：

$$p_r^* = p_{w_L} = p_0^* - \sqrt{\Delta} \text{ 或 } p_r^* = p_{w_H} = p_0^* + \sqrt{\Delta} \qquad (6-10)$$

则相应的实体渠道有效需求为：

$$q_{1w_L} = s(1 - p_{w_L}) \text{ 或 } q_{1w_H} = s(1 - p_{w_H}) \qquad (6-11)$$

相对应的网络渠道有效需求为：

$$q_{2w_L} = (1-s)(1 - p_{w_L}/\beta) \text{ 或 } q_{2w_H} = (1-s)(1 - p_{w_H}/\beta) \qquad (6-12)$$

因此，供应链总有效需求为：

$$q_{w_L} = s(1 - p_{w_L}) + (1-s)(1 - p_{w_L}/\beta) \text{ 或 } q_{w_H} = s(1 - p_{w_H}) + (1-s)(1 - p_{w_H}/\beta)$$
$$(6-13)$$

此时，相应的零售商利润为：

$$E(\pi_r^*)_{w_L} = E(\pi_r^*)_0 + s\Delta + s(1 - w_0^*)\sqrt{\Delta} \qquad (6-14)$$

或

$$E(\pi_r^*)_{w_H} = E(\pi_r^*)_0 + s\Delta - s(1 - w_0^*)\sqrt{\Delta} \qquad (6-15)$$

可以看出，当 $\max\left\{\dfrac{(1-s)(\beta-1)}{\beta}, \dfrac{(1-s)(2\beta-1)}{4\beta}\right\} < d < E(\pi_m^*)_0$ 时，制造商可以取得两个最优价格 w_L 和 w_H，且在这两个价格下制造商得到同样的利润为 d，对于制造商而言，选择定高价还是低价，主要看制造商的产品销售策略。对于高端产品，如苹果产品，在新产品上市初期，其采取了撇脂定价法，虽然限制了一部分消费者购买，但对于产品的高端定位和优质品牌形象起到很重要的作用；而对于某些想迅速打开市场的产品，为了吸引市场上对价格具有较强敏感性但对品牌关注度较低的消费者，制造商可以采取较低定价策略来吸引他们，即渗透定价策略。

当偏网络消费者对网络的认可度小于 1.5，且 $\dfrac{(1-s)(\beta-1)}{\beta} < d \leqslant \dfrac{(1-s)(2\beta-1)}{4\beta}$ 时，低批发价 w_L 小于 0，所以制造商仅能采取高价策略；当偏网络渠道消费者对网络的认可度大于 1.5，且 $\dfrac{(1-s)(2\beta-1)}{4\beta} < d \leqslant \dfrac{(1-s)(\beta-1)}{\beta}$ 时，高批发价 w_H 大于 1，这时制造商仅能采取低价策略。虽然，当制造商采取低批发价和高批发价时，所得最优利润相同，但制造商采取高批发价策略会导致零售商的利润低于其采取低批发价策略时零售商所获得的利润，在下一部分将对其进行详细研究。

6.4　决策策略分析

这部分将在均衡解的基础上进一步对制造商、零售商的策略及一些关键参数如风险管控因子、消费者对实体渠道的忠诚度对供应链的影响进行分析。

6.4.1 同风险中性下的策略比较分析

本节将以制造商和零售商均是风险中性的情形作为比较基准，讨论制造商风险规避行为下两成员及供应链整体策略的问题，包括定价、有效需求量、渠道控制力和利润等方面。通过比较两种情形下的批发价和零售价及其销售量，得出命题 6.1。

命题 6.1 比较制造商完全理性下和具有风险规避行为下的供应链定价策略，满足如下关系。

（1）$w_L < w_0^* < w_H$。

（2）$p_{w_L} < p_0^* < p_{w_H}$，$p_{w_L} - w_L > p_0^* - w_0^* > p_{w_H} - w_H$。

（3）$q_{1w_L} > q_{1w_0^*} > q_{1w_H}$，$q_{2w_L} > q_{2w_0^*} > q_{2w_H}$，$q_{w_L} > q_{w_0^*} > q_{w_H}$。

证明：由均衡解的结果，显然可以得到制造商风险管控下的批发价与基准下批发价的关系为：

$$w_L = w_0^* - 2\sqrt{\Delta} < w_0^* < w_H = w_0^* + 2\sqrt{\Delta} \qquad (6-16)$$

制造商风险管控下与基准下的零售价关系为：

$$p_{w_L} = p_0^* - \sqrt{\Delta} < p_0^* < p_{w_H} = p_0^* + \sqrt{\Delta} \qquad (6-17)$$

根据批发价和零售价的关系，可以得到制造商风险管控有效时零售商单位利润与基准下零售商单位利润的关系：

$$p_{w_L} - w_L = p_0^* - w_0^* + \sqrt{\Delta} > p_0^* - w_0^* > p_{w_H} - w_H = p_0^* - w_0^* - \sqrt{\Delta}$$

$$(6-18)$$

有效需求的关系是显然的，不再列出证明。

命题 6.1 表明，当制造商具有风险规避行为且其风险管控有效时，若他制定出高（或低）的批发价，零售商也将给出高（或低）的零售价，且制造商风险中性时制定的批发价、零售价和零售商的单位利润均处于制造商风险管控有效时取高价格和低价格之间。显然，当制造商具有风险规避行为且风险管控有效时，若制造商制定低批发价，零售商的单位利润将高于风险中性情形下的单位利润，且比制造商取高价时的单位利润更高。

同样，对于零售商需求、制造商的网络平台需求和供应链总体需求也满足类似零售商单位利润的特性。当制造商具有风险规避行为且风险管控有效时，若其选择制定低的批发价格，会带来更高的市场需求，不仅总的市场需求而且在两个渠道的需求表现也是一样，这些需求都超过制造商风险中性行为时的市场需求，也就是低价确实能达到薄利多销的效果。由此看出，制造商的风险规避行为有时会对消费者、零售商及整体供应链有利。

由以上命题 6.1 的三种定价情形，定义：

$$k_{w_L} = \frac{p_{w_L} - w_L}{p_{w_L}}, \ k_0 = \frac{p_0^* - w_0^*}{p_0^*}, \ k_{w_H} = \frac{p_{w_H} - w_H}{p_{w_H}} 表示零售商的边际利润，则可$$

以得出命题 6.2。

命题 6.2　制造商在风险中性和具有风险规避行为两种情形下，其不同定价策略的渠道控制力满足：$k_{w_L} > k_0 > k_{w_H}$。

证明：直接计算可得，制造商风险管控有效且取高批发价时的零售边际毛利润为：

$$k_{w_L} = \frac{p_{w_L} - w_L}{p_{w_L}} = \frac{p_0^* - w_0^* + \sqrt{\Delta}}{p_0^* - \sqrt{\Delta}} \tag{6-19}$$

风险中性下的零售边际毛利润为：

$$k_0 = \frac{p_0^* - w_0^*}{p_0^*} \tag{6-20}$$

制造商风险管控有效且取低定价时的零售边际毛利润为：

$$k_{w_H} = \frac{p_{w_H} - w_H}{p_{w_H}} = \frac{p_0^* - w_0^* - \sqrt{\Delta}}{p_0^* + \sqrt{\Delta}} \tag{6-21}$$

故 $k_{w_L} > k_0 > k_{w_H}$。

由命题 6.2 可以看出，当制造商风险管控有效且取高批发价策略时，制造商对渠道的控制力高于风险中性时其对渠道的控制力。反之，制造商风险管控且取低价时，其对渠道的控制力低于风险中性时其对渠道的控制力。显然，零售商并不想被制造商所控制，结合命题 6.1 可知，制造商的渠道控制力越弱，零售商的单位盈利越高，有效需求也越高。

同样，比较不同情形下的利润关系，不难看出，制造商风险管控有效且采取低价策略时，零售商的利润也是三种定价策略中最高的，结论见命题 6.3。

命题 6.3 比较制造商风险中性下和具有风险规避行为且风险管控有效时的供应链定价策略，关于两个模型中涉及的成员利润及整体利润有如下结论成立。

(1) 制造商的利润关系满足：$E(\pi_m^*)_{w_L} = E(\pi_m^*)_{w_H} \leqslant E(\pi_m^*)_0$。

(2) 零售商的利润关系满足：$E(\pi_r^*)_{w_L} > E(\pi_r^*)_0 > E(\pi_r^*)_{w_H}$。

(3) 供应链总利润关系满足：当 $d^* < d < E(\pi_m^*)_0$ 时，

$$E(\pi_r^*)_{w_L} + d > E(\pi_m^*)_0 + E(\pi_r^*)_0 > E(\pi_r^*)_{w_H} + d \qquad (6-22)$$

当 $\min\left\{\dfrac{(1-s)(\beta-1)}{\beta}, \dfrac{(1-s)(2\beta-1)}{4\beta}\right\} < d < d^*$ 时，

$$E(\pi_r^*)_{w_H} + d < E(\pi_r^*)_{w_L} + d < E(\pi_m^*)_0 + E(\pi_r^*)_0 \qquad (6-23)$$

其中，

$$d^* = E(\pi_m^*)_0 - \frac{s^2\beta(2-2s+2s\beta-\beta)^2}{(1-s+s\beta)^2(1-s+2s\beta)} \qquad (6-24)$$

证明：(1) 显然成立。

(2) 制造商风险管控有效且采取低价策略时，

$$E(\pi_r^*)_{w_L} = E(\pi_r^*)_0 + s\Delta + s(1-w_0^*)\sqrt{\Delta} > E(\pi_r^*)_0 \qquad (6-25)$$

式 (6-25) 是显然成立的。直接计算可得：

$$\frac{\partial E(\pi_r^*)_{w_H}}{\partial d} = \frac{s\beta(1-w_H)}{2\sqrt{\Delta}(1-s+2s\beta)} > 0 \qquad (6-26)$$

故

$$E(\pi_r^*)_{w_H} < \max_{d \leqslant E(\pi_m^*)_0} E(\pi_r^*)_{w_H} = E(\pi_r^*)_0 \qquad (6-27)$$

（3）由（1）、（2）可以得到：

$$E(\pi_r^*)_{w_L} + d > E(\pi_r^*)_{w_H} + d \qquad (6-28)$$

$$E(\pi_m^*)_0 + E(\pi_r^*)_0 > E(\pi_r^*)_{w_H} + d \qquad (6-29)$$

又

$$(E(\pi_r^*)_{w_L} + d) - (E(\pi_m^*)_0 + E(\pi_r^*)_0)$$

$$= E(\pi_r^*)_0 + s\Delta + s(1 - w_0^*)\sqrt{\Delta} + d - E(\pi_m^*)_0 - E(\pi_r^*)_0$$

$$= s\Delta + s(1 - w_0^*)\sqrt{\Delta} + d - E(\pi_m^*)_0$$

$$= s\Delta + s(1 - w_0^*)\sqrt{\Delta} - (E(\pi_m^*)_0 - d) \qquad (6-30)$$

令 $x = E(\pi_m^*)_0 - d$，则 $\Delta = \dfrac{\beta x}{1 - s + 2s\beta}$。代入（6-30），求解方程：

$$s\frac{\beta x}{1 - s + 2s\beta} + s(1 - w_0^*)\sqrt{\frac{\beta x}{1 - s + 2s\beta}} - x = 0 \qquad (6-31)$$

得：

$$x_1 = \frac{s^2\beta(-2 + 2s - 2s\beta + \beta)^2}{(1 - s + s\beta)^2(1 - s + 2s\beta)} > 0 \ \text{或} \ x_2 = 0 \qquad (6-32)$$

$x_2 = 0$ 舍去。当 $E(\pi_m^*)_0 - d = x_1$ 时，式（6-30）恒为0；当 $E(\pi_m^*)_0 - d > x_1$ 时，式（6-30）恒为负；当 $E(\pi_m^*)_0 - d < x_1$ 时，式（6-30）恒为正。命题得证。

由命题6.3可知，一方面，对于风险规避的制造商，追求高利润必承担高风险，但当制造商风险规避且风险管控有效时，得到的利润会低于其风险中性时的利润。另一方面，对于零售商，双方都风险中性时的利润是高于制造商风险管控有效时采取高批发价策略的利润，但低于制造商风险管控有效时采用低批发价策略利润的。

从整体供应链的利润来看，当制造商的风险管控因子比较大时，即制造商对风险的容忍度比较大时，取低批发价策略对于整体供应链是有利的；而且采取低批发价时得到的供应链利润高于风险中性时的利润。然而，当制造商的风险管控因子比较小时，即制造商对风险的容忍度比较小时，整体供应链的利润都比风险中性时要低，但是低价策略得到的利润仍然高于高价时的利润。因此，由命题6.1及命题6.2可知，如果制造商风险规避时在不同价格下取得相同的利润，低批发价策略对消费者、零售商及整体供应链都是有益的，故低批发价策略有利于制造商与零售商的长期合作。但由命题6.2可知，这不利于制造商对渠道的有效控制。

6.4.2 参数灵敏性分析

考虑制造商完全理性和具有风险规避行为两种情形下，风险管控因子对两成员和整体供应链的决策策略影响。

命题6.4 在制造商完全理性和具有风险规避行为两种情形下，比较风险管控因子对供应链渠道控制力、定价策略、有效需求及其利润的影响，有如下结论。

(1) $\dfrac{\partial k_{w_L}}{\partial d} < 0$，$\dfrac{\partial w_L}{\partial d} > 0$，$\dfrac{\partial p_{w_L}}{\partial d} > 0$，$\dfrac{\partial q_{w_L}}{\partial d} < 0$，$\dfrac{\partial E(\pi_r^*)_{w_L}}{\partial d} < 0$。

(2) $\dfrac{\partial k_{w_H}}{\partial d} > 0$，$\dfrac{\partial w_{w_H}}{\partial d} < 0$，$\dfrac{\partial p_{w_H}}{\partial d} < 0$，$\dfrac{\partial q_{w_H}}{\partial d} > 0$，$\dfrac{\partial E(\pi_r^*)_{w_H}}{\partial d} > 0$。

命题6.4（1）表明了当制造商采用低批发价策略时，其风险管控因子对供应链的决策策略影响的变化情况。制造商的风险管控因子越大，即制造商对风险的容忍度也就越大，则其会提高批发价，导致零售价也相应提高，从而市场销售量受高价影响而降低，说明制造商的渠道控制力增强，零售商的利润降低。

命题6.4（2）表明了制造商只能采用高批发价时，其风险管控因子对供应链的决策策略影响的趋势。制造商的风险管控因子越小，即制造商对风险的容忍度越低，此时其降低批发价，则销售价格随之降低，从而市场销售量受到价格影响会升高，制造商对渠道的控制力也就相应增强。这是因为制造商的风险管控因子越小，表示他对风险的容忍度越低，也就是极度风险规避，换句话而言就是对市场越悲观。其降低批发价，目标是赚取更多的利润。其降低批发价，则零售商会相应降低零售价，则市场销售量提升；并且有效需求提升的部分可以弥补价格下降的部分，最后零售商的利润会因为有效需求的增加而增加。

命题 6.5　当制造商风险中性时，消费者对实体渠道忠诚度的变化对制造商和零售商利润的影响满足：$\dfrac{E(\pi_m^*)_0}{\partial s} < 0$，$\dfrac{E(\pi_r^*)_0}{\partial s} > 0$。

证明：

因

$$\frac{\partial(E(\pi_m^*)_0)}{\partial s} = \frac{g(s)}{4(1-s+2s\beta)^2} \tag{6-33}$$

记分子为：

$$g(s) = (-8\beta^2 + 12\beta - 4)s^2 + 8(1-\beta)s + (-2\beta^2 + 5\beta - 4) \tag{6-34}$$

当 $\beta > 1$ 时，$-8\beta^2 + 12\beta - 4 < 0$。而 $g'(s) = -8s(\beta-1)(2\beta-1) + 8(1-\beta) < 0$ 且 $g(0) < 0$，故 $\dfrac{\partial(E(\pi_m^*)_0)}{\partial s} < 0$。证毕。

又

$$\frac{\partial(E(\pi_r^*)_0)}{\partial s} = \frac{(2 - 2s + 2s\beta - \beta)f(s)}{4(1-s+2s\beta)^3} \tag{6-35}$$

要证 $\dfrac{\partial(E(\pi_r^*)_0)}{\partial s}$，只需证：

$$f(s) = (4\beta^2 - 6\beta + 2)s^2 + (2\beta^2 + \beta - 4)s + (2 - \beta) > 0 \tag{6-36}$$

当 $\beta > 1$ 时，$4\beta^2 - 6\beta + 2 > 0$ 且，

$$f'(s) = 2(4\beta^2 - 6\beta + 2)s + (2\beta^2 + \beta - 4) \tag{6-37}$$

① 当 $\beta > \dfrac{\sqrt{33} - 1}{4}$ 时，由 $2\beta^2 + \beta - 4 > 0$，可得 $f'(s) > 0$。又 $f(0) = 2 - \beta > 0$，故此时 $f(s) > 0$。

② 当 $\beta < 1.1$ 时，

$$
\begin{aligned}
f'(s) &= 2(4\beta^2 - 6\beta + 2)s + (2\beta^2 + \beta - 4) \\
&< 2(4\beta^2 - 6\beta + 2) + (2\beta^2 + \beta - 4) \\
&= 10\beta(\beta - 1.1) \\
&< 0
\end{aligned}
\tag{6-38}
$$

又 $f(1) = 6\beta^2 - 6\beta > 0$，故此时 $f(s) > 0$。

③ 当 $1.1 \leqslant \beta \leqslant \dfrac{\sqrt{33} - 1}{4}$ 时，将 $f(s)$ 看成关于 s 的二次函数，则此二次函数开口向上且其判别式为：

$$
\begin{aligned}
\Delta &= (2\beta^2 + \beta - 4)^2 - 4(4\beta^2 - 6\beta + 2)(2 - \beta) \\
&= \beta(2\beta - 3)(2\beta^2 + 13\beta - 16) < 0
\end{aligned}
\tag{6-39}
$$

故此时 $f(s) > 0$。综上，结论成立。

命题 6.5 表明，当制造商风险中性时，消费者对实体渠道忠诚度的增加意味着偏实体渠道消费者所占市场的份额增加，从而导致零售商利润的增加。同时偏网络渠道消费者份额的减少导致制造商利润的降低，这个结论很容易理解。但因为当制造商具有风险规避行为时，供应链成员及整体的利润关系较为复杂，难以给出其关于消费者对零售渠道忠诚度的精确灵敏度分析。为此，本章将通过数值实验来分析在制造商风险规避时，消费者忠诚度的变化对供应链各方利润的影响。

6.5　数值分析

考虑制造商具有风险规避行为且风险管控有效时，因为制造商采取低批发价，对自己、对消费者、零售商及整体供应链都有利。因此，下面的数值实验中，假设制造商采用低批发价策略。取 $d = 0.25$，$\beta = 1.9$，图 6-1 给出了随着消费者对实体店忠诚度的变化，制造商风险中性和风险管控有效两种情形下的利润变化情况。

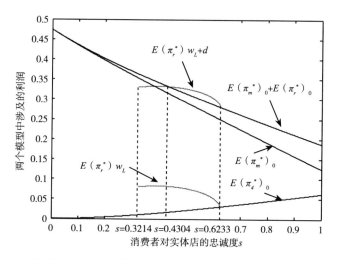

图 6 - 1　消费者对实体渠道的忠诚度 s 变化对成员利润、总利润的影响

由图 6 - 1 可以看到：

当 $s < 0.32$ 时，$d = 0.25$ 不满足约束条件 $\dfrac{(1-s)(2\beta-1)}{4\beta} \leq d$。

当 $s > 0.62$ 时，$d > E(\pi_m^*)_0$，此时约束不起作用，决策同风险中性的模型一致。

当 $0.32 < s < 0.62$ 时，也就是制造商风险规避行为起到作用的区间。在此区间中，供应链的整体利润随着 s 先增加后减小，注意，针对此时的 d，当 $0.43 < s < 0.62$ 时，总利润增加了。这和命题 6.3(3) 给出的结果是一致的。

假设在一定时间段内，消费者对实体渠道的忠诚度 s 稳定且可由市场调查给出该值。因此，从实际决策角度出发，若给定消费者对实体渠道的忠诚度 s，针对不同的 d 同制造商风险中性时相比较，总利润增加的增量是不同的。图 6 - 2 给出了随着消费者对实体渠道忠诚度的变化，一组风险管控因子 d 对应的零售商利润和总利润的包络线情况。从图 6 - 2 可以看出，给定某个 s，存在某个风险管控因子 d，零售商的最优利润和供应链最优总利润落在图 6 - 2 所示的包络线上。同时，从图 6 - 2 也可以看出，随着 s 的增大，同制造商风险中性时相比较，零售商最优利润和供应链最优总利润的增量是增大的。这说明在消费者对实体渠道的忠诚度增加时，总存在某些风险管控因子 d 对提高供应链整体利润有很显著的效果。

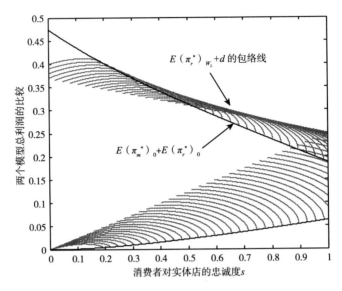

$E\left(\pi_r^*\right)_{W_L}+d$ 的包络线

$E\left(\pi_m^*\right)_0+E\left(\pi_r^*\right)_0$

图 6-2　给定 s 风险管控因子 d 变化时零售商利润
和供应链总利润的包络线（$\beta=1.9$）

6.6　结　　论

由制造商开通的双渠道供应链定价决策问题是供应链管理中的常见问题，本章根据消费者对消费渠道的喜好不同将消费者分为偏实体渠道消费者和偏网络渠道消费者，用均值方差模型分析了风险规避型制造商主导下的双渠道供应链定价策略。研究表明，当风险规避型制造商追求高利润时必定会承担高风险，制造商对风险的容忍度大于一定程度时，其风险管控必定会失效，这时模型退化为制造商风险中性时的模型；当其风险管控在一定范围内时，有两个最优批发价使制造商得到相同的利润。但制造商选择低批发价对零售商、消费者及供应链整体利润是有利的。在米特拉等（Mitra et al. , 2008）的研究中提到对于不同价格利润相同时应采取低价策略，本章证明了在制造商具有风险规避行为时同样采取低价策略对于整个供应链及零售商和消费者都是有利的。

另外，在制造商只能采取高批发价策略时，零售商的利润是随着制造商风险管控能力的增强而降低的；但在制造商采取低价策略时，其利润却是随着制造商风险管控能力的增强而增加的。最后数值实验表明，给定消费者对实体渠道的忠诚度，通过调整风险管控因子 d 可以增加供应链的总利润，而且随着偏实体渠道消费者所占潜在市场比例的增加，通过调整风险管控因子 d 能使整个供应链利润增幅增大。

第 7 章

考虑风险规避型零售商的
双渠道供应链定价策略研究

本章考虑一个风险中性制造商和一个风险规避零售商组成的双渠道供应链，针对消费者对实体渠道和网络渠道偏好的不同，建立了制造商主导的 Stackelberg 博弈的定价策略模型。通过和供应链成员风险中性时的决策比较，零售商的风险管控有效，可以刺激消费者的需求，也使得制造商利润及整体供应链的利润都得到增加，同时只要零售商风险管控适当，其本身的利润也会增加。最后通过灵敏性分析及数值实验发现，偏实体渠道消费者所占比例较大时，零售商风险管控才会有效。

7.1 引　　言

第 6 章在双渠道环境下考虑了制造商风险规避对供应链决策的影响，本章与第 6 章不同的是在同样的双渠道环境下考虑零售商风险规避对供应链决策的影响。

本章同第 6 章一样仍采用崔等（Choi et al.，2008）所用均值方差的方法度量零售商风险规避度，在消费者分为偏实体渠道消费者和偏网络渠道消费者两种类型的情况下，考虑零售商风险管控下的四个问题：（1）制造商何时风险管控有效？（2）风险管控有效时与风险管控无效时对比，定价策略及制造商对渠道控制力有何变化？（3）风险管控的强弱变化对供应链的定价、利润有什么影响？（4）偏实体店消费者所占的比例变化对供应链成员会产生什么样的影响？

　　为了解决以上问题，本章构建了由一个制造商、一个零售商与两种不同渠道偏好的消费者构成的双渠道供应链（见图 7-1），以风险中性下双渠道供应链为基准，探讨了零售商考虑风险规避时，供应链定价策略的变化及风险管控因子与消费者对实体渠道的忠诚度对双渠道供应链成员的影响。

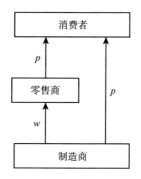

图 7-1　双渠道供应链结构

7.2　问题描述

　　类似第 6 章的问题描述，在电子商务环境下，消费者面对制造商开通的双渠道会有不同的渠道偏好，为了研究消费者这种行为下零售商风险规避对双渠道定价决策的影响，假设制造商只生产一种产品，并且每个消费者愿意购买一个且只购买一个单位的产品。假设市场规模是 a，且 a 是不确定的，即定义 $a = \tilde{a} + \varepsilon$，这里 $\tilde{a}$ 是一个常数，ε 是一个随机变量并且 $\varepsilon \sim N(0, \sigma^2)$。进一步假设 $\tilde{a} = 1$，因此 $a \sim N(1, \sigma^2)$。消费者分为两类，即在实体渠道获得更高价值的实体店购物者和在互联网渠道获得更高价值的互联网购物者。实体店购物者和互联网购物者的比例分别

表示为 s 和 $1-s$。

假设消费者从实体渠道获得的价值是 v，且 $v \sim U[0, 1]$，实体店购物者从互联网渠道购物获得的价值是 $\alpha v(0 < \alpha < 1)$，互联网购物者从互联网渠道购物获得的价值是 βv，由于互联网购物者从互联网渠道获得了更高的价值，所以 $\beta > 1$，进一步假设 $\beta < 2$，否则，我们需要根据 β 来限制 s 的范围，以确保渠道中的两个代理都能盈利。

显然，对于实体店购物者或网上购物者来说，如果他或她从实体渠道购买产品，他或她将获得净效用分别为 $u_{g-p} = v - p$ 和 $u_{i-p} = v - p$。然而，如果一个实体店购物者从互联网渠道购买产品，他或她将获得的净效用为 $u_{g-i} = \alpha v - p$，因为 $u_{g-p} > u_{g-i}$，实体店购物者只从实体渠道购买产品。如果一个网上购物者从网上渠道购买产品，他或她将获得的净效用为 $u_{i-i} = \beta v - p$。因为 $u_{i-i} > u_{i-p}$，网上购物者只会从网上渠道购买该产品。

只有当实体店购物者在实体渠道中得到正向效用时，即 $u_{g-p} > 0$(i. e.，$v \in [p, 1]$)，他或她才会进行购买。然后，考虑到实体店购物者的比例，我们得到了实体渠道的需求 $q_p = sa(1-p)$。同样地，对于那些在互联网渠道中获得正向效用的互联网购物者来说，即 $u_{i-i} > 0\left(\text{i. e.}，v \in \left[\dfrac{p}{\beta}, 1\right]\right)$，也将会进行购买，因此互联网渠道的需求函数为 $q_i = (1-s) a\left(1 - \dfrac{p}{\beta}\right)$。

为了便于计算，将生产成本和运营成本设为 0 （Chiang et al.，2003），此时，零售商和制造商的利润分别为：

$$\pi_r = q_p(p - w) = sa(1 - p)(p - w) \tag{7-1}$$

$$\pi_m = q_p w + q_I p = as(1 - p)w + a(1 - s)\left(1 - \dfrac{p}{\beta}\right)p \tag{7-2}$$

当 $a \sim N(1, \sigma^2)$ 时，零售商和制造商的期望利润分别为：

$$E(\pi_r) = s(1 - p)(p - w) \tag{7-3}$$

$$E(\pi_m) = s(1 - p)w + (1 - s)\left(1 - \dfrac{p}{\beta}\right)p \tag{7-4}$$

本章的目的是研究具有风险规避的零售商在双渠道下的价格决策，将不考虑风险规避行为的双渠道供应链作为比较基准。

7.3　考虑零售商风险规避下的模型建立

本节考虑零售商风险规避的双渠道供应链的定价决策。用 K 表示零售商的风险承受能力。K 越小意味着零售商越不愿意承担风险；当 K 足够大时，零售商是风险中性的，博弈顺序与基准模型相同。

由式（7-1）可得，π_r 的方差为：

$$\mathrm{Var}(\pi_r) = \left[s(1-p)(p-w)\sigma \right]^2 \qquad (7-5)$$

对零售商的风险规避行为，采用均值方差方法度量，零售商的决策问题为：

$$\begin{cases} \max\limits_{0 \leqslant p < 1} E(\pi_r) = s(1-p)(p-w) \\ \mathrm{s.\,t.} \\ \sqrt{Var(\pi_r)} = s(1-p)(p-w)\sigma \leqslant K \end{cases} \qquad (7-6)$$

令 $d = K/\sigma$，K 表示零售商对风险的容忍程度，称 d 为零售商的风险管控因子。对于给定的标准差 σ，零售商可容忍的风险越小，风险控制能力越强（Choi et al., 2008）。此时，式（7-1）等于：

$$\begin{cases} \max\limits_{0 < p < 1} E(\pi_r) = -s\left(p - \dfrac{1+w}{2}\right)^2 + \dfrac{s(1-w)^2}{4} \\ \mathrm{subject\,to} \\ E(\pi_r) \leqslant d \end{cases} \qquad (7-7)$$

通过计算可以得到，当 $d \geqslant s/4$ 时，零售商的决策为：

$$p^* = (1+w)/2 \qquad (7-8)$$

当 $d < s/4$ 时，零售商的决策为：

$$p = \begin{cases} \dfrac{1+w}{2} \pm \sqrt{\dfrac{(1-w)^2}{4} - \dfrac{d}{s}}, & \text{if } w \in (0, 1 - 2\sqrt{d/s}] \\ \dfrac{1+w}{2}, & \text{if } w \in (1 - 2\sqrt{d/s}, 1) \end{cases} \qquad (7-9)$$

基于米特拉等（Mitra et al., 2008）的研究中提到的对于不同价格，利润相同时应采取低价策略，本书研究在遇到类似情况时，均采取低价策略。因此当 $d < s/4$ 时，零售商的定价策略应为：

$$p = \begin{cases} \dfrac{1+w}{2} - \sqrt{\dfrac{(1-w)^2}{4} - \dfrac{d}{s}}, & \text{if } w \in (0, 1 - 2\sqrt{d/s}] \\ \dfrac{1+w}{2}, & \text{if } w \in (1 - 2\sqrt{d/s}, 1) \end{cases} \qquad (7-10)$$

注意，

$$p = p(w) = \frac{1+w}{2} - \sqrt{\frac{(1-w)^2}{4} - \frac{d}{s}}, \ w \in (0, 1 - 2\sqrt{d/s}]$$

$$(7-11)$$

其反函数为：

$$w = w(p) = p - \frac{d}{s(1-p)}, p \in \left(\frac{1}{2} - \sqrt{\frac{1}{4} - \frac{d}{s}}, 1 - \sqrt{d/s} \right]$$

$$(7-12)$$

根据零售商的反应函数，制造商的决策问题为：

$$\max_{0 < w < 1} \{ E(\pi_m) \} = \max\{X, Y\} \qquad (7-13)$$

其中，

$$\begin{cases} X = \max_{w \in (0, 1-2\sqrt{d/s}]} \left\{ s(1-p)w + (1-s)\left(1 - \dfrac{p}{\beta}\right)p \right\}, & \text{这里 } p = p(w) \\ Y = \max_{w \in (1-2\sqrt{d/s}, 1)} \left\{ s(1-p)w + (1-s)\left(1 - \dfrac{p}{\beta}\right)p \right\}, & \text{这里 } p = \dfrac{1+w}{2} \end{cases}$$

通过一步步的计算，分别得到：

$$X = \begin{cases} \Lambda/2 - d, & d \leqslant (1-\Lambda)^2 s \\ \varXi, & d > (1-\Lambda)^2 s \end{cases} \qquad (7-14)$$

$$Y = \begin{cases} \varXi, & d \leqslant \pi_{0r}^* \\ \pi_{0m}^*, & d > \pi_{0r}^* \end{cases} \qquad (7-15)$$

其中，$\Lambda = \dfrac{\beta}{2(1-s+s\beta)}$，$\varXi = \dfrac{2s\beta-1-s}{4\beta}(1-2\sqrt{d/s}-w_0^*)^2 + \pi_{0m}^*$。

注意，

$$\frac{\Lambda}{2} - (\pi_{0r}^* + \pi_{0m}^*) = \frac{s^2\beta(2-2s-\beta+2s\beta)^2}{4(1-s+s\beta)(1-s+2s\beta)^2} > 0,$$

$$(1-\Lambda)^2 s + \pi_{0m}^* - \Lambda/2 = \frac{s^2\beta(2-2s-\beta+2s\beta)^2}{4(1-s+s\beta)^2(1-s+2s\beta)} > 0。$$

得到 $\pi_{0r}^* + \pi_{0m}^* < \Lambda/2 < (1-\Lambda)^2 s + \pi_{0m}^*$，因此，

当 $d \in ((1-\Lambda)^2 s, +\infty)$ 时，$\max\{X,Y\} = \max\{\varXi, \pi_{0m}^*\} = \pi_{0m}^*$；

当 $d \in [\Lambda/2 - \pi_{0m}^*, (1-\Lambda)^2 s]$ 时，$\max\{X,Y\} = \max\{\Lambda/2-d, \pi_{0m}^*\} = \pi_{0m}^*$；

当 $d \in (\pi_{0r}^*, \Lambda/2 - \pi_{0m}^*)$ 时，$\max\{X,Y\} = \max\{\Lambda/2-d, \pi_{0m}^*\} = \Lambda/2-d$；

当 $d \in (0, \pi_{0r}^*]$ 时，$\max\{X,Y\} = \max\{\Lambda/2-d, \varXi\} = \Lambda/2-d$。

综合以上结果，得到双渠道供应链的最优决策，如表 7-1 所示。

表 7-1　　　　　　　　　　风险规避零售商的供应链最优解

d 的条件	最优解						
	w^*	p^*	π_m^*	π_r^*	q_P^*	q_I^*	q^*
$d > \Lambda/2 - \pi_{0m}^*$	w_0^*	p_0^*	π_{0m}^*	π_{0r}^*	q_{0P}^*	q_{0I}^*	q_0^*
$d \leqslant \Lambda/2 - \pi_{0m}^*$	$\dfrac{s\Lambda(1-\Lambda)-d}{s(1-\Lambda)}$	Λ	$\Lambda/2-d$	d	$s(1-\Lambda)$	$\dfrac{(1-s)(\beta-\Lambda)}{\beta}$	$\dfrac{1}{2}$

表 7-1 展示了，当 $d > \Lambda/2 - \pi_{0m}^*$ 时，零售商的风险规避意识太弱，无法影响供应链的最优决策，即零售商的风险控制无效。当 $d \leqslant \Lambda/2 - \pi_{0m}^*$ 时，零售商的风险控制有效，能够影响供应链的最优决策。

7.4 策略分析

7.4.1 决策策略比较

为了方便，根据风险控制因子 d 的值将零售商的风险厌恶程度分为五个等级，如表 7-2 所示，其中 $d_0^* = \dfrac{(1-s)s(2-2s-\beta+2s\beta)^2}{4(1-s+s\beta)^2(1-s+2s\beta)}$，$d_1^* = \dfrac{s(2-2s-\beta+2s\beta)^2}{4(1+2s)(1-s+s\beta)^2}$。

表 7-2 零售商的风险规避等级

d	$0<d\le d_0^*$	$d_0^*<d\le\pi_{0r}^*$	$\pi_{0r}^*<d\le d_1^*$	$d_1^*<d\le\frac{\Lambda}{2}-\pi_{0m}^*$	$d>\frac{\Lambda}{2}-\pi_{0m}^*$
因素	尤其强	一般强	中等	一般弱	尤其弱
	强			弱	

注意当 $d>\Lambda/2-\pi_{0m}^*$ 时，决策与基准模型相同，也就是说，当零售商的风险规避意识很弱时，其风险控制是无效的。因此，只需要考虑 $d\le\Lambda/2-\pi_{0m}^*$ 时的情况。

命题 7.1：当 $d\le\dfrac{\Lambda}{2}-\pi_{0m}^*$ 时，得：

（1） $p^*<p_0^*$；

（2） 当 $0<d\le d_0^*$ 时，$w^*\ge w_0^*$；当 $d_0^*<d\le\Lambda/2-\pi_{0m}^*$ 时，$w^*<w_0^*$；

（3） $p^*-w^*\le p_0^*-w_0^*$；

（4） $q_P^*>q_{0P}^*$，$q_I^*>q_{0I}^*$，$q^*>q_0^*$。

如果零售商是风险规避的，这意味着零售商对销售环境持悲观态度，其会选择降低零售价来吸引消费者，以此保证有效需求（见命题7.1（1））。但当零售商过于规避时，制造商必须保证其提高批发价不会造成需求的减少。

当零售商不太规避风险时，制造商会降低其批发价（见命题7.1（2））。通过命题7.1（3）和（4）可以看到，当零售价降低时零售商利润确实会下降，但有效需求会增加。

命题7.2：当 $d \leqslant \Lambda/2 - \pi_{0m}^*$ 时，供应链成员和供应链整体的利润满足：

（1）$\pi_m^* > \pi_{0m}^*$；

（2）$\pi_r^* = d$；

（3）$\pi_m^* + \pi_r^* = \Lambda/2 \geqslant \pi_{0m}^* + \pi_{0r}^*$。

命题7.2表明制造商和整个供应链的利润都有所增加，如果零售商的风险规避程度不强，其利润会更高（$d > \pi_{0r}^*$）；如果其风险规避程度很强，其利润会更低（$d \leqslant \pi_{0r}^*$）。

零售商的风险控制可以使制造商受益。由命题7.1可知，当零售商的风险控制有效时，整体供应链的有效需求增加。虽然批发价可能会上升或下降，但零售价相比于基准价格总是下降的，更多的实体消费者和互联网消费者会购买产品，所以在利润微薄但营业额高的情况下，制造商的利润会增加。

零售商的风险控制决定了零售商利润的大小。当零售商的风险管控比较弱时，即零售商对风险的容忍度比较大时，价格降低，需求增加，利润也增加，其需求关于价格是富有弹性的；当零售商的风险管控比较强时，即零售商对风险的容忍度比较小时，价格降低，需求增加，但是利润降低，其需求关于价格是缺乏弹性的。

有趣的是，当零售商的风险控制有效时，零售商的风险控制可以使整个供应链受益。当双方都受益时，整个供应链肯定也会受益。而当制造商利润增加，零售商利润降低时，整个供应链的利润仍然增加，这意味着制造商利润的增加必须超过零售商利润的减少。

根据斯坦纳（2004）的定义，零售毛利率（RGM）$RGM = (p - w)/p$ 代表制造商对渠道的控制力。RGM 值越高，制造商对渠道的控制力就越弱。分别用 k_0^* 和 k^* 表示基准和目标模型中的 RGM，得到以下命题。

命题7.3：当 $0 < d \leqslant d_1^*$ 时，$k^* \leqslant k_0^*$；当 $d_1^* < d \leqslant \Lambda/2 - \pi_{0m}^*$时，$k^* > k_0^*$。

命题7.3表明，当零售商的风险规避程度中等或强时，制造商的渠道控制力会更强；当零售商的风险规避程度普遍较弱时，制造商对渠道的控制力更弱。这意味着确定零售商的风险规避等级有助于制造商调整其渠道控制力。

7.4.2　敏感性分析

本节将分析实体店消费者比例和风险控制因素对供应链策略和利润的影响。

以下命题描述了实体渠道消费者比例在基准模型中的敏感性。

命题 7.4：

(1) 当 $1 < \beta < 1.5$ 时，$\dfrac{\partial w_0^*}{\partial s} = 2 \dfrac{\partial p_0^*}{\partial s} > 0$，$\dfrac{\partial (p_0^* - w_0^*)}{\partial s} < 0$；当 $1.5 < \beta < 2$ 时，$\dfrac{\partial w_0^*}{\partial s} = 2 \dfrac{\partial p_0^*}{\partial s} < 0$，$\dfrac{\partial (p_0^* - w_0^*)}{\partial s} > 0$。

(2) $\dfrac{\partial q_{0P}^*}{\partial s} > 0$，$\dfrac{\partial q_{0I}^*}{\partial s} < 0$，$\dfrac{\partial q_0^*}{\partial s} < 0$。

(3) $\dfrac{\partial \pi_{0m}^*}{\partial s} < 0$，$\dfrac{\partial \pi_{0r}^*}{\partial s} > 0$，$\dfrac{\partial (\pi_{0m}^* + \pi_{0r}^*)}{\partial s} < 0$。

(4) 当 $1 < \beta < 1.5$ 时，$\dfrac{\partial k_0^*}{\partial s} < 0$；当 $1.5 < \beta < 2$ 时，$\dfrac{\partial k_0^*}{\partial s} > 0$。

命题 7.4 描述了实体店消费者比例如何影响基准模型中的供应链决策和利润。首先，当网络购物者对网络渠道的接受程度较低（$1 < \beta < 1.5$）时，批发价、零售价和制造商对渠道的控制力随着实体店消费者比例的增加会上升，而零售利润率则会下降，反之亦然。此外，实体渠道的有效需求增加，而互联网渠道的需求和整体供应链的需求都随着实体店消费者比例的增加而下降。当实体渠道的零售利润率和有效需求随着 $s(1.5 < \beta < 2)$ 的增加而增长时，零售商必然受益。然而，当实体渠道的有效需求增加，零售利润率随着 $s(1 < \beta < 1.5)$ 的增加而降低时，零售商仍然受益。这是因为实体渠道有效需求的增加带来的利润增加大于零售价格下降造成的利润减少。尽管零售商的利润会降低，制造商和整个供应链仍然会鼓励消费者通过网络渠道购买产品。

现在对零售商风险规避模型中实体店消费者比例的敏感性进行分析。

命题 7.5：

（1）给定 d，β，当 s 满足 $d < f(s, \beta)$ 时，$\dfrac{\partial w^*}{\partial s} < 0$；当 $d > f(s, \beta)$ 时，

$\dfrac{\partial w^*}{\partial s} > 0$，其中 $f(s, \beta) = \dfrac{s^2(\beta-1)\beta(2-2s-\beta+2s\beta)^2}{4(1-s+s\beta)^2[2+2s(2+s\beta-s)(\beta-1)-\beta]}$。

（2）$\dfrac{\partial p^*}{\partial s} < 0$，$\dfrac{\partial(p^*-w^*)}{\partial s} < 0$。

（3）$\dfrac{\partial q_P^*}{\partial s} > 0$，$\dfrac{\partial q_I^*}{\partial s} < 0$，$\dfrac{\partial q^*}{\partial s} = 0$。

（4）$\dfrac{\partial \pi_m^*}{\partial s} < 0$，$\dfrac{\partial \pi_r^*}{\partial s} = 0$，$\dfrac{\partial(\pi_m^*+\pi_r^*)}{\partial s} < 0$。

（5）$\dfrac{\partial k^*}{\partial s} < 0$。

命题 7.5 表明，当零售商的风险控制有效时，根据 d 和 β 的值的不同，批发价格会随着 s 的增加先增加后降低（见图 7-2（a））或者是 s 的递增函数（见图 7-2（b））。在 $\beta > 1.5$ 的情况下，当供应链为风险中性时，随着 s 的增加零售商的利润会增加，制造商对渠道的控制力会减弱；而当零售商是风险规避型时，随着 s 的增加零售商的利润会下降，而制造商对渠道的控制力会增强（见图 7-2（a））。

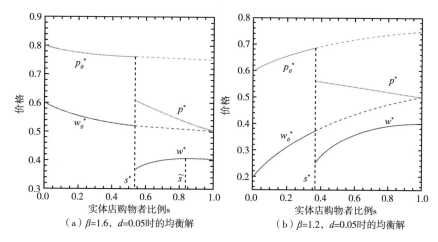

（a）β=1.6，d=0.05 时的均衡解　　　（b）β=1.2，d=0.05 时的均衡解

图 7-2　均衡解随 s 的变化（其中，s 由 $\Lambda/2 - \pi_{0m}^* = d$ 决定）

有趣的是，随着 s 的增加，实体渠道有效需求的增加量正好等于互联网渠道有效需求的减少量，从而整个供应链的需求是一个常数（0.5），而基准模型下的总需求是一个关于 s 的严格递减函数（最大值为 0.5）。

因此，通过控制风险管控因子 d（可能大于或小于 π_{0r}^*），整个供应链的总需求没有损失。虽然制造商的利润（即整条供应链的利润）与基准模型相比，随着 s 的增加而下降，但整条供应链的利润依然高于基准模型中的利润（见命题 7.2（3））。

接着对风险管控因子的敏感性进行分析。

命题 7.6：当 $d \leqslant \Lambda/2 - \pi_{0m}^*$ 时，得：

(1) $\dfrac{\partial w^*}{\partial d} < 0$，$\dfrac{\partial p^*}{\partial d} = 0$，$\dfrac{\partial(p^* - w^*)}{\partial d} > 0$；

(2) $\dfrac{\partial q_P^*}{\partial d} = 0$，$\dfrac{\partial q_I^*}{\partial d} = 0$，$\dfrac{\partial q^*}{\partial d} = 0$；

(3) $\dfrac{\partial \pi_m^*}{\partial d} < 0$，$\dfrac{\partial \pi_r^*}{\partial d} > 0$，$\dfrac{\partial(\pi_m^* + \pi_r^*)}{\partial d} = 0$；

(4) $\dfrac{\partial k^*}{\partial d} > 0$。

从命题 7.6 可知，随着零售商加强风险控制程度，制造商将提高批发价格，从而增强渠道控制力，但零售价和两种渠道的需求不随风险管控因子的变化而变化。随着零售商风险控制的加强，批发价格不断上涨，市场需求不变，从而提高了制造商的利润。由于零售利润的下降，零售商的利润将会减少。也就是说，如果零售商能够承受更大的风险，那么在整个供应链利润不变的情况下，零售商可以获得更多的利润。这个结果与命题 7.2（3）一致。

7.5　数值分析

为了进一步直观地观察实体店消费者比例和风险管控因子对供应链的影响，下面进行数值实验。

7.5.1 实体店消费者比例的影响

给定 $d=0.05$，$\beta=1.6$，由表 $7-1$ 可知，存在一个临界值 $s^*=0.5314$，当 $0 \leqslant s < s^*$ 时，零售商的风险管控是无效的；当 $s > s^*$ 时，零售商的风险管控是有效的。

图 $7-3$ 显示了网络渠道需求（实体渠道需求）在 $0 \leqslant s < s^*$ 时会减少（增加），在到达临界点 s^* 时会达到更高的值，然后再次减少（增加）。值得注意的是，当零售商的风险管控有效时（$s > s^*$），实体渠道和互联网渠道的需求将高于基准模型中的需求。同时，当 $0 \leqslant s < s^*$ 时，总需求单调递减，在临界点 s^* 时跳到最大值 0.5，然后保持不变。因此，当 $s > s^*$ 时，实体渠道需求的增加量必须等于互联网渠道需求的减少量。

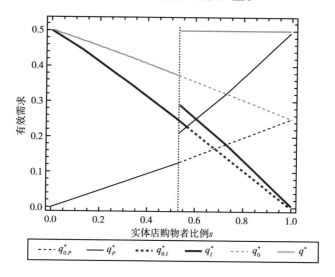

图 7-3　有效需求随 s 的变化

图 $7-4$ 显示，对于 $s \in [0, 1]$，制造商的利润随着 s 递减。然而，零售商的利润在 $0 \leqslant s < s^*$ 时（即风险管控失效时）单调递增，到达临界点 s^* 时，其利润变得更大，然后保持不变。供应链的利润在 $0 \leqslant s < s^*$ 时单调递减，达到临界点 s^* 时有所增加，在 $s^* < s \leqslant 1$ 时依然保持单调递减。结果与命题 7.4 和命题 7.5 一致。

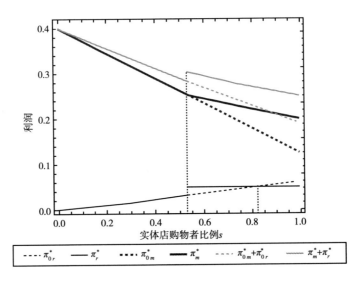

图 7 - 4   利润随 s 的变化

图 7 - 4 还显示出，当零售商的风险管控有效时，制造商和整个供应链的利润都高于基准时的利润。实体店消费者的比例越大，供应链利润的增量越大。当 $s^* \leqslant s < 0.8208$ 时，零售商的利润高于基准时的利润。因此，当 $s^* \leqslant s < 0.8208$ 时，供应链双方都受益于零售商的风险规避行为。结果与命题 7.2 一致。值得注意的是，当 s 的值较大时（这里为 $s > 0.8814$），整个供应链的利润在基准模式下要大一些。

7.5.2   风险管控因子对利润的影响

本节分析风险管控因子 d 对利润的影响。令 $s = s^*$，$\beta = 1.6$，$\Lambda/2 - \pi_{0m}^* = 0.05$，结合表 7 - 1，当且仅当 $d \leqslant 0.05$ 时，零售商的风险管控是有效的。由图 7 - 5 可知，当 $d \leqslant 0.05$ 时，零售商风险管控越强，制造商利润越高，零售商利润越低，但整个供应链的利润不变且大于基准时的利润。当 $0.0304 < d \leqslant 0.05$ 时，供应链双方是双赢的。一旦 $d > 0.05$，与基准时相比，零售商的利润和整个供应链的利润将会下降。图 7 - 5 中的数值实验与命题 7.1 和命题 7.6 一致。

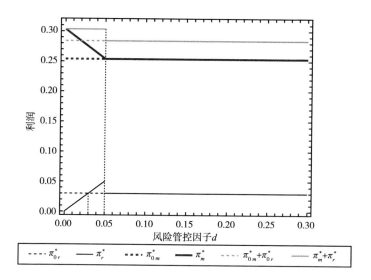

图 7 - 5　利润随 d 的变化

7.6　结　　论

本章研究了由一个风险中性的制造商作为领导者，一个风险厌恶的零售商作为追随者，以及具有渠道偏好的消费者组成的双渠道供应链模型。零售商的风险厌恶程度用均值方差法衡量，消费者分为两类：偏实体渠道消费者和偏网络渠道消费者。以风险中性的双渠道供应链模型为基准，推导出两种模型的最优解。

研究结果表明，只有当零售商的风险管控因子小于一个临界值时，决策才会受到零售商风险行为的影响（即零售商的风险管控是有效的）。一旦零售商的风险管控有效，两种渠道的需求都比基准时大。当零售商的风险规避态度温和或普遍较弱时，制造商和整个供应链总是会更好，零售商也可以更好。此外，实体店消费者的比例越大，供应链利润的增量就越大。当实体店消费者的比例固定时，零售商的风险管控越强，制造商的利润越高，零售商的利润越低，但整体供应链的利润不变，且高于基准。

    需要注意的是，本章研究的是实体渠道和网络渠道的一致定价问题。在实践中，双渠道供应链可能会采用不同的定价。此外，本章研究认为只有零售商存在风险规避行为。如果制造商同时存在风险规避行为，双渠道供应链会发生什么变化？未来对这一主题的研究应包括两个渠道的定价不一致，双方都考虑风险规避行为的情况。

第 8 章

双方均具有风险规避行为的
双渠道供应链定价策略研究

本章在双渠道供应链环境下考虑了制造商为 Stackelberg 博弈主导者且制造商和零售商均具有风险规避行为时的定价策略。根据供应链成员双方不同的风险态度，决策分为四种情况：与双方风险态度都无关、只与制造商风险态度有关、只与零售商风险态度有关、与双方风险态度都有关。将与双方风险态度都无关的决策作为基准，可以分别得到制造商和零售商一方和双方及供应链整体的利润提高的区域。最后发现与任何一方或者双方风险态度有关的决策都可以提高供应链的整体利润。

8.1 引　　言

第 6 章和第 7 章分析了双渠道环境下，制造商和零售商一方风险规避时的定价决策情况。针对消费者分为偏实体渠道消费者和偏网络渠道消费者两种类型时，探讨了一方风险规避时的风险管控因子对供应链定价、需求，供应链成员各方利润及整体利润的影响。本章将拓展以上两章的研究成果，仍采用崔等（Choi et al.，2008）所用均值方差的方法度量供应链上下游双方的风险规避度，在消费者分为偏实体渠道消费者和偏网络渠道消费者两种类型情况下，考虑供应链上下游均风险规避的双渠道定价策略，类似前面假设如果有两个价格可以取到最优利润，本章均采取低价策略。

本章分析了一个需求不确定的供应链操作风险（SCOR），其中制造商除了传统的零售实体渠道之外还开辟了一个互联网渠道，制造商和零售商都有风险规避的行为。基于此，提出并求解了制造商和零售商都风险规避的双渠道供应链模型。然后，我们探讨了以下三个问题：（1）制造商或零售商的风险控制何时有效？（2）与没有风险规避的情况相比，制造商和零售商的策略和利润如何变化？（3）制造商和零售商的风险偏好是什么？

为了解决以上问题，本章构建了由一个制造商、一个零售商与两种不同渠道偏好的消费者构成的双渠道供应链，消费者分类如前两章，以风险中性下双渠道供应链为基准，探讨了供应链双方均考虑风险规避时供应链定价策略的变化。

8.2　问题描述

本章所考虑的供应链包括作为 Stackelberg 博弈领导者的垄断制造商、作为追随者的独立零售商和考虑产品价值的异质消费者。制造商决定批发价格 w，零售商确定零售价格。假设消费者可以从零售商的实体渠道或制造商的互联网渠道以相同的价格 p 获得产品。

本章假设制造商只生产一种产品，并且每个消费者愿意购买一个且只购买一个单位的产品。假设市场规模是 a，且 a 是不确定的，即定义 $a = \tilde{a} + \varepsilon$，这里 $\tilde{a}$ 是一个常数，ε 是一个随机变量并且 $\varepsilon \sim N(0, \sigma^2)$。进一步假设 $\tilde{a} = 1$，因此 $a \sim N(1, \sigma^2)$。消费者分为两类：在实体渠道获得更高价值的实体店购物者和在互联网渠道获得更高价值的互联网购物者。实体店购物者和互联网购物者的比例分别表示为 s 和 $1-s$。

假设消费者从实体渠道获得的价值是 v，且 $v \sim U[0, 1]$，实体店购物者从互联网渠道购物获得的价值是 $\alpha v (0 < \alpha < 1)$，互联网购物者从互联网渠道

购物获得的价值是 βv，由于互联网购物者从互联网渠道获得了更高的价值，所以 $\beta > 1$，进一步假设 $\beta < 2$，否则，我们需要根据 β 来限制 s 的范围，以确保渠道中的两个代理都能盈利。

显然，对于实体店购物者或网上购物者来说，如果他或她从实体渠道购买产品，他或她将获得的净效用分别为 $u_{g-p} = v - p$ 和 $u_{i-p} = v - p$。然而，如果一个实体店购物者从互联网渠道购买产品，他或她将获得的净效用为 $u_{g-i} = \alpha v - p$，因为 $u_{g-p} > u_{g-i}$，所以实体店购物者只从实体渠道购买产品。如果一个网上购物者从网上渠道购买产品，他或她将获得的净效用为 $u_{i-i} = \beta v - p$。因为 $u_{i-i} > u_{i-p}$，所以网上购物者只会从网上渠道购买该产品。

只有当实体店购物者在实体渠道中得到正向效用时，即 $u_{g-p} > 0$（i.e.，$v \in [p, 1]$），他或她才会进行购买。然后，考虑到实体店购物者的比例，我们得到了实体渠道的需求 $q_p = sa(1-p)$。同样地，对于那些在互联网渠道中获得正向效用的互联网购物者来说，即 $u_{i-i} > 0 \left(\text{i.e.}, v \in \left[\dfrac{p}{\beta}, 1 \right] \right)$，其也将会进行购买，因此互联网渠道的需求函数为 $q_i = (1-s)a\left(1 - \dfrac{p}{\beta}\right)$。

在现实中，由于随机需求，一般存在财务风险。因此，应考虑零售商和制造商的风险态度。本章定义制造商和零售商的风险容忍度分别为 K_m 和 K_r。较小的 $K_m(K_r)$ 意味着制造商（零售商）对风险的容忍度较低。如果 K_m 和 K_r 非常大，那么制造商和零售商就相当于风险中性。

本章的目的是研究在双渠道供应链中，双方都是风险规避的战略决策。为了描述供应链是如何受到风险厌恶行为影响的，本章以第 6.3.1 节供应链成员均不考虑风险规避行为的双渠道供应链作为比较基准。

为了方便分析，本章将采用下标"N"代表风险中性（neutral），下标"A"代表风险规避（averse），比如下标"NN"就代表制造商和零售商都风险中性时对应的值；"AN"代表制造商风险规避、零售商风险中性时对应的值；"NA"代表制造商风险中性、零售商风险规避时对应的值；"AA"代表制造商和零售商均风险规避时的值。

为了便于说明，将产品成本、制造商的互联网运营成本和零售商实体渠道的运营成本都归一化为零。每当制造商或零售商可以在产生相同利润的多个价格中进行选择时，本章假设他们会选择最低的价格（Mitra and Webster，2008）。

此时，零售商的利润 π_r 和制造商的利润 π_m 分别表示为：

$$\pi_r = sa(1-p)(p-w) \qquad (8-1)$$

$$\pi_m = sa(1-p)w + (1-s)a\Big(1 - \frac{p}{\beta}\Big)p \qquad (8-2)$$

并且 $a \sim N(1,\sigma^2)$。

此外，他们的预期利润和方差分别是：

$$E(\pi_r) = s(1-p)(p-w), \ \mathrm{Var}(\pi_r) = \big[s(1-p)(p-w)\big]^2\sigma^2 \qquad (8-3)$$

$$E(\pi_m) = s(1-p)w + (1-s)\Big(1 - \frac{p}{\beta}\Big)p \qquad (8-4)$$

$$\mathrm{Var}(\pi_r) = \Big[s(1-p)w + (1-s)\Big(1 - \frac{p}{\beta}\Big)p\Big]^2\sigma^2 \qquad (8-5)$$

8.3 考虑供应链成员双方风险规避下的模型建立

在这个模型中，制造商和零售商都是风险厌恶的，他们的目标仍然是利润最大化，但条件是他们的利润方差分别不能超过他们的风险承受能力（K_m 和 K_r）。

此时，对于一个给定的 w，根据 MV 方法（Choi et al.，2008），零售商的优化问题是：

$$\begin{cases} \max\limits_{p \in [0,1]} E(\pi_r) = s(1-p)(p-w) \\ \text{Subject to} \\ \mathrm{Var}(\pi_r) \leqslant K_r \end{cases} \qquad (8-6)$$

通过式（8-3），可以得到式（8-6）等价于：

$$
\begin{cases}
\max\limits_{p \in [0,1]} E(\pi_r) = s(1 - p)(p - w) \\
\text{Subject to} \\
E(\pi_r) \leq d_r
\end{cases}
\tag{8-7}
$$

其中 $d_r = \dfrac{\sqrt{K_r}}{\sigma}$ 被称为零售商的风险控制因素。

一旦求解到零售商的响应函数 $p = p(w)$，那么制造商的问题就会是：

$$
\begin{cases}
\max\limits_{w \in [0,1]} E(\pi_r) = s(1 - p)w + (1 - s)\left(1 - \dfrac{p}{\beta}\right)p, p = p(w) \\
\text{Subject to} \\
\mathrm{Var}(\pi_m) \leq K_m
\end{cases}
\tag{8-8}
$$

通过式（8-5），此问题可以等价于：

$$
\begin{cases}
\max\limits_{w \in [0,1]} E(\pi_r) = s(1 - p)w + (1 - s)\left(1 - \dfrac{p}{\beta}\right)p, p = p(w) \\
\text{Subject to} \\
E(\pi_m) \leq d_m
\end{cases}
\tag{8-9}
$$

其中 $d_m = \dfrac{\sqrt{K_m}}{\sigma}$ 被称为制造商的风险控制因素。

结果见表 8-1。在表 8-1 中，$\Lambda = \dfrac{\beta}{2(1 - s + s\beta)}$，$\Psi = \dfrac{(1 - s)(2\beta - 1)}{4\beta}$，

$\Xi = -\dfrac{1 - s + 2s\beta}{\beta}\left(1 - \sqrt{\dfrac{d_r}{s}} - p_0^*\right)^2 + \pi_{0m}^*$，$\Delta = \dfrac{\beta(\pi_{0m}^* - d_m)}{1 - s + 2s\beta}$，$\Phi =$

$(1 - s)\left(1 - \dfrac{1}{\beta}\right)$，$\Theta = -\dfrac{1}{2\Lambda}\left(\dfrac{1}{2} - \sqrt{\dfrac{1}{4} - \dfrac{d_r}{s}} - \Lambda\right)^2 + \dfrac{\Lambda}{2} - d_r$，$\Gamma = \Lambda -$

$\sqrt{2\Lambda\left(\dfrac{\Lambda}{2} - d_r - d_m\right)}$。

表 8 - 1 　　　　　　　　考虑供应链双方风险规避下的均衡解及利润

区域	p_0^*	w_0^*	π_{0r}^*	π_{0m}^*
R_{NN}	p_0^*	w_0^*	π_{0r}^*	π_{0m}^*
R_{ANL}	$p_0^* - \sqrt{\Delta}$	$w_0^* - 2\sqrt{\Delta}$	$\pi_{0r}^* + s\Delta + 2s\left(1 - p_0^*\right)\sqrt{\Delta}$	d_m
R_{ANH}	$p_0^* + \sqrt{\Delta}$	$w_0^* + 2\sqrt{\Delta}$	$\pi_{0r}^* + s\Delta - 2s\left(1 - p_0^*\right)\sqrt{\Delta}$	d_m
R_{AA}	Γ	$\Gamma - \dfrac{d_r}{s\left(1 - \Gamma\right)}$	d_r	d_m
R_{NA}	Λ	$\Lambda - \dfrac{d_r}{s\left(1 - \Lambda\right)}$	d_r	$\dfrac{\Lambda}{2} - d_r$

8.4　模型分析

在本节中，我们将对两个模型的最优策略进行比较。为了可视化供应链双方风险规避情况下双渠道供应链的结果，我们首先给出当 $s = 0.6$，$\beta = 1.6$ 和 $s = 0.6$，$\beta = 1.8$ 时的均衡区域（见图 8 - 1）。图 8 - 1 与表 8 - 1 所示的结果一致。在 R_{NN} 区域中，最优定价决策与两个代理都与风险中性的基准案例相同。在 R_{ANL} 区和 R_{ANH} 区，最优决策只受制造商风险规避态度的影响。在 R_{ANL} 区，制造商可以选择两个利润相同的价格，并选择较低的价格。而在

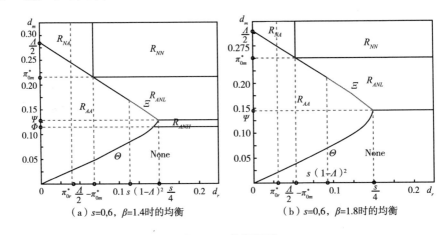

（a）$s = 0.6$，$\beta = 1.4$ 时的均衡　　　（b）$s = 0.6$，$\beta = 1.8$ 时的均衡

图 8 - 1　均衡区域

R_{ANH}区，制造商必须选择较高的批发价。同时，需要注意的是当 $\Phi > \Psi$（例如，$\beta > 1.5$）时，R_{ANH}区域将消失（见图 8-1（b））。在 R_{NA} 区，最优决策只受零售商的风险规避态度的影响。只有在 R_{AA} 区域，最优决策才会受到零售商和制造商的风险规避态度的影响。

为了便于比较，我们将标记下标"NA"（ANL、ANH、AA）来表示 R_{NA}（R_{ANL}、R_{ANH}、R_{AA}）区域的最优定价决策，例如，w_{AA}^{*} 代表 R_{AA} 区域的最优批发价格。

8.4.1　最优价格比较

在图 8-2 中，取 $s=0.6$，$\beta=1.4$。需要注意的是，在 R_{NN} 区域，制造商的风险控制和零售商的风险控制都是无效的，那么最优决策与基准情况相同。当最优决策仅受制造商的风险规避态度影响时，即在 R_{ANL} 和 R_{ANH} 区域时，有以下命题。

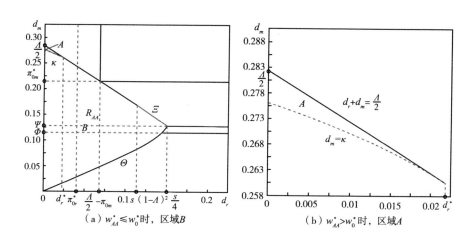

（a）$w_{AA}^{*} \leqslant w_{0}^{*}$ 时，区域 B　　　　（b）$w_{AA}^{*} > w_{0}^{*}$ 时，区域 A

图 8-2　R_{AA} 区域的批发价格

命题 8.1　在 R_{ANL} 和 R_{ANH} 区域时有：

（1）对于零售商的零售价格有：$p_{ANL}^{*} < p_{0}^{*} < p_{ANH}^{*}$；

（2）对于制造商的批发价格有：$w_{ANL}^{*} < w_{0}^{*} < w_{ANH}^{*}$；

（3）对于总需求有：$q_{ANL}^* > q_0^* > q_{ANH}^*$。

命题 8.1 表明，当只有制造商的风险控制有效时，批发价格和零售价格将低于基准价格，如果能获得较低的价格，总需求将会更高。但是，如果制造商只能选择较高的价格（即在 R_{ANH} 区），批发价格和零售价格将会高于基准价格，总需求将会更低。

当最优决策只受到零售商的风险厌恶态度影响时，即在 R_{NA} 区，有以下命题。

命题 8.2 在 R_{NA} 区域时有：

（1）对于零售商的零售价格有：$p_{NA}^* < p_0^*$；

（2）对于制造商的批发价格有：如果 $d_r < d_r^*$，则 $w_{NA}^* > w_0^*$；如果 $d_r > d_r^*$，则 $w_{NA}^* < w_0^*$；$d_r^* = s(1 - \Lambda)(\Lambda - w_0^*)$；

（3）对于总需求有：$q_{NA}^* > q_0^*$。

命题 8.2 表明，在只有零售商的风险控制有效时，与基准相比，当零售商的风险态度相对强（$0 < d_r \leqslant d_r^*$）时，制造商将增加他的批发价格；当零售商的风险厌恶态度相对较弱$\left(d_r^* < d_r \leqslant \dfrac{\Lambda}{2} - \pi_{0m}^*\right)$时，制造商将降低他的批发价格。而零售商总是会降低自己的价格，总需求高于基准水平。

命题 8.3 在 R_{AA} 区域时有（见图 8 - 3）：

（1）对于零售商的零售价格有：$p_{AA}^* < p_0^*$；

（2）对于制造商的批发价格有：如果 $(d_r, d_m) \in A$，则 $w_{AA}^* > w_0^*$；如果 $(d_r, d_m) \in B$，则 $w_{AA}^* \leqslant w_0^*$；$A = \left\{(d_r, d_m) \mid K < d_m < \dfrac{\Lambda}{2} - d_r\right\}$，$B = R_{AA} - A$，

$$K = -\frac{1}{2\Lambda}\left(\Lambda - \frac{1 + w_0^*}{2} + \sqrt{\frac{(1 - w_0^*)^2}{4} - \frac{d_r}{S}}\right)^2 + \frac{\Lambda}{2} - d_r;$$

（3）对于总需求有：$q_{AA}^* > q_0^*$。

命题 8.3 表明，当零售商和制造商的风险控制都有效时，零售价格将低于基准价格，批发价格在大多数情况下也将低于基准价格，需求高于基准水平。

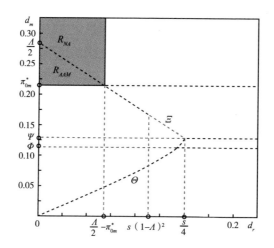

图 8 – 3　制造商利润增加区域

8.4.2　风险偏好

命题 8.4　制造商的风险偏好，考虑到制造商的收益，可以得到（见图 8 – 3）：

（1）在 R_{NN} 区域，制造商的利润与基准模型相同；

（2）在 $R_{NA} \cup \{(d_r, d_m) \in R_{AA} \mid d_m > \pi_{0m}^*\}$ 区域，制造商的利润高于基准模型中制造商的利润；

（3）在 $R_{NAL} \cup R_{ANH} \cup \{(d_r, d_m) \in R_{AA} \mid d_m < \pi_{0m}^*\}$ 区域，制造商的利润低于基准模型中制造商的利润。

命题 8.4 表明，在 R_{NA} 区域，制造商的利润优于基准模型中制造商的利润。这意味着，如果只有零售商的风险控制是有效的，那么制造商的利润将总是大于基准模型中制造商的利润。另外，当两个代理的风险控制都有效时，制造商的利润等于其风险控制因素 d_m，因此制造商会希望其风险控制因素大于其在基准模型中的利润。

命题 8.5　零售商的风险偏好，考虑到零售商的收益，可以得到（见图 8 – 4）：

173

（1）在 R_{NN} 区域，零售商的利润与基准模型相同；

（2）在 $R_{NAL} \cup \{(d_r, d_m) \in R_{NA} \mid d_r > \pi_{0r}^*\} \cup \{(d_r, d_m) \in R_{AA} \mid d_r > \pi_{0r}^*\}$ 区域，零售商的利润高于基准模型中零售商的利润；

（3）在 $R_{ANH} \cup \{(d_r, d_m) \in R_{NA} \mid d_r < \pi_{0r}^*\} \cup \{(d_r, d_m) \in R_{AA} \mid d_r < \pi_{0r}^*\}$ 区域，零售商的利润低于基准模型中零售商的利润。

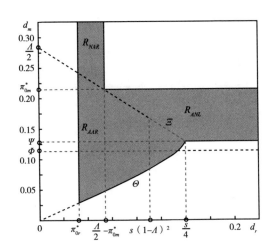

图 8-4　零售商利润增加区域

命题 8.5 表明，当只有制造商的风险控制有效，且制造商采用较低的批发价（即在 R_{ANL} 区域）时，零售商的利润始终优于基准模型中的零售商的利润；当只有零售商的风险控制有效（即在 R_{NAR} 区域）或两个代理的风险控制有效（即在 R_{AAR} 区域）时，零售商的利润等于零售商的风险控制因素 d_r；因此，零售商希望他的风险控制因素大于其基准模型中的利润。虽然只有当制造商的风险控制在 R_{ANL} 区域有效时，他的利润会更低，但零售商的利润会更高。

命题 8.6　供应链整体风险偏好，考虑到供应链整体收益，可以得到（见图 8-5）：

（1）在 R_{NN} 区域，供应链整体的利润与基准模型中的相同；

（2）在 $R_{NA} \cup R_{AAS} \cup R_{ANLS}$ 区域，供应链整体的利润高于基准模型中的，$R_{AAS} = R_{AA} - \{(d_r, d_m) \in R_{AA} \mid d_r + d_m < \pi_{0r}^* + \pi_{0m}^*\}$，$R_{ANLS} = \{(d_r, d_m) \in R_{ANL} \mid$

$$d_m > d_m^* \},\ d_m^* = \pi_{0m}^* - \frac{s^2 \beta (2 - \beta + 2s\beta - \beta)^2}{(1 - s + 2s\beta)(1 - s + s\beta)^2};$$

（3）在 $R_{ANH} \cup \{(d_r,\ d_m)\ \in R_{AA} \mid d_r + d_m < \pi_{0r}^* + \pi_{0m}^*\}$ 区域，供应链的利润比基准模型中的利润还要低。

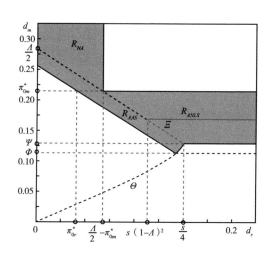

图 8 - 5　供应链整体利润增加区域

命题 8.6 表明，在 R_{NA} 区，整个供应链的利润将会增加到 $\frac{\Lambda}{2}\left(\frac{\Lambda}{2} > \pi_{0r}^* + \pi_{0m}^*\right)$。这意味着，如果只有零售商的风险控制是有效的，那么整个供应链的利润总是比基准模型中的更好。当只有制造商的风险控制有效时（例如 R_{ANL} 区域），可以选择较低的价格，如果制造商的风险控制因素足够大（$d_m > d_m^*$），整个供应链的利润就会增加。当制造商和零售商的风险控制都有效时（例如 R_{AA} 区域），供应链的利润等于制造商和零售商的风险控制因素之和（$d_r + d_m$）。供应链更偏向于两个风险控制因素之和大于基准模型下供应链的利润。需要注意的是，当只有零售商的风险控制有效时（例如 R_{NA} 区域），不仅制造商的利润会优于基准模型，而且供应链的整体利润也会更高。供应链的最大利润是 $\frac{\Lambda}{2}$，这个最大的利润将在 R_{NA} 区和红线上达到。由此可见，在一个或两个代理的风险控制有效的情况下，与基准情况相比，供应链的利润会增加。

　　命题 8.7　帕累托改进。在 $R_{NAP} \cup R_{AAP}$ 区域（见图 8 - 6），零售商的利

润和制造商的利润分别都优于基准模型下的，$R_{NAP} = \{(d_r,\ d_m) \in R_{NA} \mid d_r > \pi_{0r}^*\}$，$R_{AAP} = \left\{(d_r,\ d_m) \mid \pi_{0r}^* < d_r < \dfrac{\Lambda}{2} - \pi_{0r}^*,\ \pi_{0m}^* < d_m < \dfrac{\Lambda}{2} - d_r\right\}$。

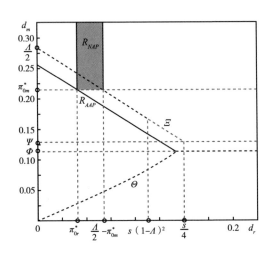

图 8 - 6　帕累托改进区域

命题 8.7 表明，在 R_{NAP} 和 R_{AAP} 区域，制造商和零售商的利润都大于其基准模型下的利润。结果表明，在这两个区域，风险态度的组合可以得到一个双赢的策略。在第一个区域，在只有零售商的风险控制有效的情况下，零售商的风险规避行为不仅增加了零售商的利润，而且还增加了制造商的利润；在第二个区域，制造商和零售商的风险控制都是有效的，两个代理的风险规避行为使双方的利润都得到了增加。更有趣的是，在第一个区域供应链的利润可以达到最大值 $\dfrac{\Lambda}{2}$。

此外，我们还可以观察到，两个主体的风险厌恶行为的不同组合会导致不同的策略。同时，双方的利润和整个供应链的利润会随着不同的策略而变化（见图 8 - 7）。

从图 8 - 7 可以看出，在 R_{NN} 区域内，最优决策与基准模型中的相同，因此双方的利润和供应链的利润与基准模型中的相同。在 $R_{M\&R}$ 区域，制造商和零售商的利润都会更高。在 $R_{M\&SC}$ 区域，制造商的利润更高，而零售商的利润更低；制造商利润的增加超过了零售商利润的减少，所以整个供应

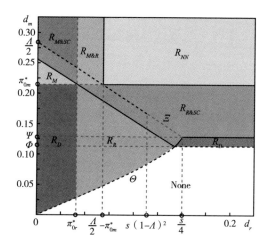

图 8 - 7　利润变动区域划分

链的利润就会增加。在 $R_{R\&SC}$ 区域，零售商的利润更高，而制造商的利润更低；零售商利润的增加超过了制造商利润的减少，所以整个供应链的利润就会增加。在 R_M 区域，制造商的利润更高，而零售商的利润更低；制造商利润的增加不能抵销零售商利润的减少，因此整个供应链的利润将会下降。在 R_R 区域，制造商的利润更低，而零售商的利润更高。零售商利润的增加不能抵销制造商利润的减少，所以整个供应链的利润都会下降。在 R_D 区域，制造商和零售商的利润都低于基准模型中制造商和零售商的利润。

8.5　结　　论

本章研究了一个双渠道供应链模型，该模型由一个作为领导者的风险规避的制造商、一个作为追随者的风险规避的零售商和具有渠道偏好的异质性消费者组成。风险规避采用 MV 法进行衡量，将消费者分为两种类型：实体店购物者和互联网购物者。以风险中性的双渠道供应链模型作为基准模型，用逆向归纳法推导出了两种模型的最优均衡解。本章对制造商和零售商以及整个供应链的定价策略和利润进行了分析和比较。

　　研究发现，根据两个代理（制造商和零售商）的风险态度，定价决策可以分为四类：不考虑两个代理的风险态度，只考虑一个代理的风险态度（即只考虑制造商的风险态度或者只考虑零售商的风险态度），以及同时考虑两个代理的风险态度。

　　结果表明，如果至少有一个代理的风险控制有效，则零售价格将低于基准模型下的零售价格，而大多数情况下的批发价格也将低于基准模型下的批发价格。同时，需求将会更高。此外，我们发现，在风险控制适当的情况下，两个代理可以找到一个双赢的策略。

　　需要注意的是，本章假设实体渠道和互联网渠道的价格一致；而在实践中，双渠道供应链中的两个渠道可能采用不同的价格。此外，我们假设所有的信息都是对称的，并且两个代理都知道，但有时对不同的供应链成员来说信息可能是不对称的。未来的研究可以通过放宽上述假设来完成，例如考虑双渠道的不一致定价和信息不对称的情况。

第 9 章

总结与展望

9.1 研究内容总结

目前很多制造商和零售商都开通了线上线下双渠道供应链系统，消费者的异质性使得其对线上线下渠道具有不同的偏好，供应链成员面对渠道之间的竞争及消费者不同渠道偏好行为，必然会增强风险规避意识。因此，本书采用博弈理论，首先研究了制造商与零售商一方和双方引入网络渠道后供应链的定价策略问题，然后进一步，采用均值方差方法分析了制造商和零售商一方风险规避和双方均具有风险规避行为对引入网络渠道的制造商双渠道定价策略的影响。

本书的主要研究内容总结如下。

第一，以传统的单渠道供应链系统作为比较的基准，针对两种双渠道供应链结构的决策策略进行对比分析，考虑消费者具有渠道偏好行为时，假设网络渠道的价格与实体渠道价格之间具有折扣关系。应用 Stackelberg 博弈建立模型，得到三种模型的最优均衡定价策略。分析了三种模型之间的定价、有效需求和利润，最后又基于参数灵敏度分析方法探讨了消费者对网络渠道的忠诚度和折扣率对价格、有效需求和利润的影响。通过分析发现，相比较单渠道供应链系统，制造商自己开通双渠道是最有利的，其次是通过零售商开设网络渠道，形成零售商的双渠道供应链系统。但相比较单渠道供应链系统，零售商在两种双渠道供应链下（即制造商的双渠道供应链系统和零售商的双渠道供应链系统）利润都会遭受损失。因为制造商是 Stackelberg 博弈的领导者，一定会引入网络渠道；而制造商可能会考虑到与零售商的长期合作占领网络市场的因素，会通过零售商开设的双渠道供应链系统来进行产品销售。但是，零售商在某些条件下会放弃自己开通双渠道供应链的机会，零售商倾向于哪种双渠道供应链系统主要与消费者对网络的认可度及网络价格折扣率有关，另外还受到制造商对渠道控制力的影响。参数灵敏度分析表明，消费者对网络渠道的认可度与网络渠道的价格折扣率对供应链决策策略及利润的影响是呈相反关系的。具体为，在两种双渠道供应链下，随着折扣率的增加，制造商的利润降低，零售商的利润增加，制造商双渠道供应链下的总利润减少，零售商双渠道供应链下的总利润增加；随着消费者对网络渠道认可度的增加，制造商的利润增加，零售商的利润降低，制造商双渠道供应链下的利润减少，零售商双渠道供应链下的总利润增加。

第二，考虑制造商和零售商均引入网络渠道后，形成多渠道供应链系统。供应链渠道结构的变化引起了决策的变化问题。基于消费者具有渠道偏好行为且可以以折扣价从网络渠道购买商品，用 Stackelberg 博弈模型分析了除了传统零售实体渠道外，制造商和零售商均开通网络渠道的定价决策问题。通过和传统单渠道供应链下的均衡结果比较，发现网络渠道的开通使得制造商对渠道的控制力增强，制造商决策的批发价升高，最优利润升高。而零售商会在自己所占网络市场份额比较小时降低零售的价格，但在所占网络市场份额比较大时提高零售的价格，其最优利润是降低的。最后，通过数值实验表明，制造商的最优利润随着网络折扣（消费者对网络的认可度）的增加而减少（增加）；零售商的最优利润则随着网络折扣（消费者对网络的认可度）的增加而增加（减少）。另外，随着零售商所占网络市场份额的增加，制造商的最优利润减少，但零售商最优利润并不随着其所占网络市场份额呈现单调性。

第三，考虑一个风险规避制造商和一个风险中性零售商组成的双渠道供应链系统，针对消费者对实体渠道和网络渠道偏好的不同，将其分成偏实体渠道消费者和偏网络渠道消费者两种类型，采用均值方差方法，建立了 Stackelberg 博弈的定价策略模型。通过和供应链成员完全风险中性下的均衡结果比较发现，风险规避时制造商追求高利润必定会承担高风险，且当其风险管控因子在一定范围内时，有两个最优批发价使得制造商的利润相同。通过分析可知，制造商选择低定价时对零售商、消费者及供应链整体利润均有利，但对渠道的控制力减弱。数值实验也进一步表明，当消费者对实体渠道的忠诚度一定时，存在合适的风险管控因子，使得零售商的利润和供应链总利润达到最优；当消费者对实体渠道的忠诚度增加时，同制造商风险中性时相比，零售商的最优利润和供应链最优总利润增幅增大。

第四，考虑了制造商双渠道供应链中零售商具有风险规避行为对定价策略的影响。研究表明，当风险规避型零售商追求高利润时必定会承担高风险，零售商对风险的容忍度大于一定程度时，其风险管控一定会失效。当零售商风险规避行为在一定程度内时，供应链的整体利润就会发生跳跃式增加，制造商利润也会增加。无论是实体渠道需求，还是网络渠道需求都会增加，零售商的风险规避行为适当时对供应链双方和消费者都可以产生有利的影响。

第五，扩展以上两部分的成果，在双渠道供应链环境下考虑了制造商为 Stackelberg 博弈主导者且制造商和零售商均具有风险规避行为时的定价策略。根据供应链成员双方不同的风险态度，决策分为四种情况：不受双方风险态度的影响，只受制造商风险态度的影响，只受零售商风险态度的影响，受双方风险态度影响。将不受双方风险态度影响的决策作为基准，可以分别得到制造商和零售商一方和双方及供应链整体的利润提高情况。最后发现受任何一方或者双方风险态度影响的决策都可以提高供应链的整体利润。

9.2　未来研究方向

本书在二级供应链系统中，考虑消费者偏好实体渠道时研究了制造商和零售商一方引入网络渠道与另一方引入网络渠道的策略比较，进一步又研究了双方都引入网络渠道时的策略选择问题。然后，又考虑了消费者分为偏实体渠道消费者和偏网络渠道消费者两种类型时，探索了制造商和零售商一方风险规避和双方均风险规避时对定价策略的影响。由于实践能力及方法论等方面的有限性，本书还存在一定的局限性，很多问题还没有进一步研究。

事实上，在本书研究的基础上还可以从以下四个方面继续进行分析。

（1）考虑实体渠道和网络渠道成本之间差异性的相关研究。本书研究均将制造商的成本及实体渠道和网络渠道的成本规范化为0。实际上，实体渠道的成本往往高于网络渠道的成本，所以考虑实体渠道和网络渠道成本的差异性对供应链策略的影响值得进一步探讨。

（2）竞争情景下的相关研究。本书只是研究了垄断市场，即只有一个制造商和一个零售商的供应链框架结构。实际上，垄断竞争市场、不完全竞争市场及寡头垄断是市场上最常见的市场类型。这些市场类型均可以作为进一步研究的重点。

（3）考虑价格折扣率作为决策变量的情况。本书在前两章研究制造商与零售商一方和双方引入网络渠道的供应链定价策略问题时，假设网络渠道的价格与实体渠道价格间存在折扣关系，为了简化计算，将折扣率设为外生的，实际上，网络打折决策折扣率应该也存在内生的情况，所以考虑折扣率作为决策变量也是必要的。

（4）在风险规避的情况下考虑线上线下非一致定价策略。本书在后三章的研究中考虑供应链成员具有风险规避行为时，针对两种类型的消费者（偏实体渠道消费者和偏网络渠道消费者），采取了线上线下一致定价的策略。实际上，生活中线上线下的定价经常存在差异，所以在同样背景下，进一步考虑双渠道非一致定价的问题是有必要的。

参 考 文 献

［1］中国电子商务研究中心. 2022 年（上）中国网络零售市场数据报告［R］. 2022.

［2］Balakrishnan A, Sundaresan S, Zhang B. Browse-and-switch: Retail online competition under value uncertainty［J］. Production and Operations Management, 2014, 23（7）.

［3］Liang T P, Huang J S. An empirical study on consumer acceptance of products in electronic markets: A transaction cost model［J］. Decision Support Systems, 1998, 24（1）.

［4］Kacen J J, Lee J A. The influence of culture on consumer impulsive buying behavior［J］. Journal of Consumer Psychology, 2002, 12（2）.

［5］Chiang W K, Chhajed D, Hess J D. Direct marketing, indirect profits: Astrategic analysis of dual-channel supply-chain design［J］. Management Science, 2003, 49（1）.

［6］Yan R, Ghose S. Forecast information and traditional retailer performance in a dual-channel competitive market［J］. Journal of Business Research, 2010, 63（1）.

［7］罗宇凡. 第 35 次《中国互联网络发展状况统计报告》发布［J］. 青年记者, 2015（6）.

［8］Hsiao L, Chen Y J. Strategic motive for introducing Internet channels in a supply chain［J］. Production and Operations Management, 2014, 23（1）.

［9］Baker W L, Lin E, Marn M V, et al. Getting prices right on the web［J］. The McKinney Quarterly, 2001（2）.

［10］李芹芹，刘志迎．风险规避对链合创新联盟的决策影响研究［J］．管理工程学报，2015，29（4）．

［11］Schweitzer M E，Cachon G P. Decision bias in the newsvendor problem with a known demand distribution：Experimental evidence ［J］．Management Science，2000，46（3）．

［12］Frazier G L，Lassar W M. Determinants of distribution intensity ［J］．The Journal of Marketing，1996．

［13］Fein A J，Anderson E. Patterns of credible commitments：Territory and brand selectivity in industrial distribution channels ［J］．The Journal of Marketing，1997．

［14］Tsay A A，Agrawal N. Channel conflict and coordination in the ecommerce age ［J］．Production and Operations Management，2004，13（1）．

［15］Fruchter G E，Tapiero C S. Dynamic online and offline channel pricing for heterogeneous customers in virtual acceptance ［J］．International Game Theory Review，2005，7（02）．

［16］Cattani K，Gilland W，Heese H S，et al. Boiling frogs：Pricing strategies for a manufacturer adding a direct channel that competes with the traditional channel ［J］．Production and Operations Management，2006，15（1）．

［17］Arya A，Mittendorf B，Sappington D E M. The bright side of supplier encroachment ［J］．Marketing Science，2007，26（5）．

［18］Cai G G. Channel selection and coordination in dual-channel supply chains ［J］．Journal of Retailing，2010，86（1）．

［19］Li T，Zhao X，Xie J. Inventory management for dual sales channels with inventory-level-dependent demand ［J］．Journal of the Operational Research Society，2015，66（3）．

［20］Ma S，Lin J，Zhao X. Online store discount strategy in the presence of consumer loss aversion ［J］．International Journal of Production Economics，2016，171．

［21］Matsui K. When should a manufacturer set its direct price and wholesale

Price in dual-channel supply chains〔J〕. European Journal of Operational Research, 2017, 258 (2).

〔22〕 Yan R, Ghose S, Bhatnagar A. Cooperative advertising in a dual channel supply chain〔J〕. International Journal of Electronic Marketing and Retailing, 2006, 1 (2): 99 – 114.

〔23〕 Dumrongsiri A, Fan M, Jain A, et al. A supply chain model with direct and retail channels〔J〕. European Journal of Operational Research, 2008, 187 (3).

〔24〕 Song H, Chao Y, Xi Z. Pricing and cooperative advertising decision models in dual-channel supply chain〔J〕. Computer Integrated Manufacturing Systems, 2011, 12.

〔25〕 张智勇, 李华娟, 杨磊, 等. 基于微分博弈的双渠道广告合作协调策略研究〔J〕. 控制与决策, 2014, 29 (5).

〔26〕 Xie J P, Liang L, Liu L H, et al. Coordination contracts of dual-channel with cooperation advertising in closed-loop supply chains〔J〕. International Journal of Production Economics, 2017, 183.

〔27〕 Yao D Q, Liu J J. Competitive pricing of mixed retail and e-tail distribution channels〔J〕. Omega, 2005, 33 (3).

〔28〕 黄松, 杨超, 杨珺. 需求和成本同时扰动下双渠道供应链定价与生产决策〔J〕. 系统工程理论与实践, 2014, 34 (5).

〔29〕 金磊, 陈伯成, 肖勇波. 双渠道下库存与定价策略的研究〔J〕. 中国管理科学, 2013, 21 (3).

〔30〕 林杰, 曹凯. 双渠道竞争环境下的闭环供应链定价模型〔J〕. 系统工程理论与实践, 2013, 33 (1).

〔31〕 陈云, 王浣尘, 沈惠璋. 互联网环境下双渠道零售商的定价策略研究〔J〕. 管理工程学报, 2008, 22 (1).

〔32〕 丁正平, 刘业政. 存在搭便车时双渠道供应链的收益共享契约〔J〕. 系统工程学报, 2013, 28 (3).

〔33〕 Chen J, Bell P C. Implementing market segmentation using full refund and no refund customer returns policies in a dual-channel supply chain structure [J]. International Journal of Production Economics, 2012, 136 (1).

[34] 李莉, 何洁, 赵杰. 中小制造企业在线直销与传统分销双渠道定价决策研究 [J]. 中国管理科学, 2016 (6).

[35] 李海, 崔南方, 徐贤浩. 基于讨价还价能力的双渠道供应链批发价谈判模式 [J]. 管理工程学报, 2015 (4).

[36] 王先甲, 周亚平, 钱桂生. 生产商规模不经济的双渠道供应链协调策略选择 [J]. 管理科学学报, 2017, 20 (1).

[37] Matsui K. Asymmetric product distribution between symmetric manufacturers using dual-channel supply chains [J]. European Journal of Operational Research, 2016, 248 (2).

[38] Hsiao L, Chen Y J. The perils of selling online: Manufacturer competition, channel conflict, and consumer preferences [J]. Marketing Letters, 2013, 24 (3).

[39] Liu Y, Gupta S, Zhang Z J. Note on self-restraint as an online entry deterrence strategy [J]. Management Science, 2006, 52 (11).

[40] Bernstein F, Song J S, Zheng X. "Bricks-and-mortar" vs "clicks-and-mort-ar": An equilibrium analysis [J]. European Journal of Operational Research, 2008, 187 (3).

[41] Huang W, Swaminathan J M. Introduction of a second channel: Implications for pricing and profits [J]. European Journal of Operational Research, 2009, 194 (1).

[42] Zhang X. Retailers' multichannel and price advertising strategies [J]. Marke-ting Science, 2009, 28 (6).

[43] 张盼, 熊中楷, 郭年. 基于价格和服务竞争的零售商双渠道策略 [J]. 工业工程, 2013, 15 (6).

[44] Kireyev P, Kumar V, Ofek E. Match your own price? Self-matching as a retailer's multichannel pricing strategy [J]. Marketing Science, 2017, 36 (6).

[45] Cao J, So K C, Yin S. Impact of an "online-to-store" channel on de-

mandallocation, pricing and profitability [J]. European Journal of Operational Research, 2016, 248 (1).

[46] Cavallo A. Are online and offline prices similar? Evidence from large multichannel retailers [J]. The American Economic Review, 2017, 107 (1).

[47] Liu Y C, Zhang J. The benefits of personalized pricing in a channel [J]. Marketing Science, 2006, 25 (1).

[48] Chiang W K, Monahan G E. Managing inventories in a two-echelon dual-channel supply chain [J]. European Journal of Operational Research, 2005, 162 (2).

[49] Kumar N, Ruan R. On manufacturers complementing the traditional retail channel with a direct online channel [J]. Quantitative & Marketing Economics, 2006, 4 (3).

[50] Hendershott T, Zhang J. A model of direct and intermediated sales [J]. Jo-urnal of Economics & Management Strategy, 2006, 15 (2).

[51] Cachon G P. The allocation of inventory risk in a supply chain: Push, pull, and advance-purchase discount contracts [J]. Management Science, 2004, 50 (2).

[52] Eeckhoudt L, Gollier C, Schlesinger H. The risk-averse (and prudent) newsboy [J]. Management Science, 1995, 41 (5).

[53] Agrawal V, Seshadri S. Risk intermediation in supply chains [J]. IIE Trans-actions, 2000, 32 (9).

[54] Gan X, Sethi S, Yan H. Channel coordination with a risk-neutral supplier and a downside-risk-averse retailer [J]. Production & Operations Management, 2005, 14 (1).

[55] Wang C X, Webster S. Channel coordination for a supply chain with a risk-neutral manufacturer and a loss-averse retailer [J]. Decision Sciences, 2007, 38 (3).

[56] Chen Y J, Seshadri S. Risk intermediation in supply chains [M] // Managing supply chain risk and vulnerability. Springer London, 2009.

[57] Ma L, Liu F, Li S, et al. Channel bargaining with risk-averse retailer [J]. International Journal of Production Economics, 2012, 139 (1).

[58] Li B, Chen P, Li Q, et al. Dual-channel supply chain pricing decisions with a risk-averseretailer [J]. International Journal of Production Research, 2014, 52 (23).

[59] Yoo S H. Product quality and return policy in a supply chain under risk aversion of a supplier [J]. International Journal of Production Economics, 2014, 154.

[60] 刘云志, 樊治平. 考虑损失规避与产品质量水平的供应链协调契约模型 [J]. 中国管理科学, 2017, 25 (1).

[61] Tsay A A. Risk sensitivity in distribution channel partnerships: Implications for manufacturer return policies [J]. Journal of Retailing, 2002, 78 (2).

[62] Ohmura S, Matsuo H. The effect of risk aversion on distribution channel contracts: Implications for return policies [J]. International Journal of Production Economics, 2016, 176.

[63] 张晓林, 李广. 鲜活农产品供应链协调研究——基于风险规避的收益共享契约分析 [J]. 技术经济与管理研究, 2014 (2).

[64] 王虹, 周晶. 具有风险规避参与者的双渠道供应链最优策略研究 [J]. 计算机集成制造系统, 2009, 15 (11).

[65] 王虹, 倪卫涛, 周晶. 非对称信息下双渠道供应链的定价决策 [J]. 管理学报, 2010, 7 (2).

[66] 李书娟, 张子刚, 黄洋, 等. 风险规避对双渠道供应链运作模式的影响研究 [J]. 工业工程与管理, 2011, 16 (1).

[67] Xu G, Dan B, Zhang X, et al. Coordinating a dual-channel supply chain with risk-averse under a two-way revenue sharing contract [J]. International Journal of Production Economics, 2014, 147.

[68] Yang Y, Wang L, Wang Y, et al. Modeling and optimization of two-stage procurement in dual-channel supply chain [J]. Information Technology and Man-agement, 2014, 15 (2).

［69］Li B, Hou P W, Chen P, et al. Pricing strategy and coordination in a dual channel supply chain with a risk-averse retailer ［J］. International Journal of Production Economics, 2016, 178.

［70］Li Q, Li B, Chen P, et al. Dual-channel supply chain decisions under asymmetric information with a risk-averse retailer ［J］. Annals of Operations Research, 2015.

［71］Chen P, Li B, Jiang Y, et al. The impact of manufacturer's direct sales and cost information asymmetry in a dual-channel supply chain with a risk averse retailer ［J］. International Journal of Electronic Commerce, 2017, 21 (1).

［72］Markowitz H, Selection P. Efficient diversification of investments ［M］. John Wiley and Sons, 1959.

［73］Lau H S, Lau A H L. Manufacturer's pricing strategy and return policy for a single-period commodity ［J］. European Journal of Operational Research, 1999, 116 (2).

［74］Choi T M, Li D, Yan H. Newsvendor problem with mean variance objectives ［C］. The Proceedings of 5th International Conference on Optimization: Tec-hniques and Applications. 2001, 4.

［75］Buzacott J, Yan H, Zhang H. Risk analysis of commitment-option contracts with forecast updates ［J］. IIE Transactions, 2011, 43 (6).

［76］Arai T. An extension of mean-variance hedging to the discontinuous case ［J］. Finance and Stochastics, 2005, 9 (1).

［77］Choi T M, Li D, Yan H. Mean-variance analysis of a single supplier andretailer supply chain under a returns policy ［J］. European Journal of Operational Research, 2008, 184 (1).

［78］Wu J, Li J, Wang S, et al. Mean-variance analysis of the newsvendor m-odel with stockout cost ［J］. Omega, 2009, 37 (3).

［79］Wei Y, Choi T M. Mean-variance analysis of supply chains under wholesale pricing and profit sharing schemes ［J］. European Journal of Operational Research, 2010, 204 (2).

[80] Xie G, Yue W, Wang S, et al. Quality investment and price decision in arisk-averse supply chain [J]. European Journal of Operational Research, 2011, 214 (2).

[81] Choi T M, Chiu C H. Mean-downside-risk and mean-variance news-vendor models: implications for sustainable fashionretailing [J]. International Journal of Production Economics, 2012, 135 (2).

[82] Hung Y H, Li L Y O, Cheng T C E. Transfer of newsvendor inventory and supply risks to sub-industry and the public by financial instruments [J]. Inte-rnational Journal of Production Economics, 2013, 143 (2).

[83] Ray P, Jenamani M. Mean-variance analysis of sourcing decision under disruption risk [J]. European Journal of Operational Research, 2016, 250 (2).

[84] Yamaguchi S, Goto H, Kusukawa E. Mean-variance analysis for opti-mal operation and supply chain coordination in a green supply chain [J]. Indus-trial Engineering & Management Systems, 2017, 16 (1).

[85] Gan X, Sethi S P, Yan H. Coordination of supply chains with risk-averse agents [M]. Supply Chain Coordination under Uncertainty. Springer Berlin Heidelberg, 2011.

[86] Debo L G, Toktay L B, Van Wassenhove L N. Market segmentation and product technology selection for remanufacturable products [J]. Management Science, 2005, 51 (8).

[87] Atasu A, Guide V D R, Wassenhove L N. Product reuse economics in closed-loop supply chain research [J]. Production and Operations Management, 2008, 17 (5).

[88] Thomas J S, Sulhvan U Y. Managing marketing communications with multichannel customers [J]. Journal of Marketing, 2005, 69 (4).

[89] Strebel J, ErdemT, Swait J. Consumer search in high technology mar-kets: Exploring the use of traditional information channels [J]. Journal of Con-sumer Psychology, 2004, 14 (2).

［90］Chiang W, Y K, Zhang D, Zhou L. Predicting and explaining patronage behavior toward web and traditional stores using neural networks: a comparative analysis with logistic regression ［J］. Decision Support System, 2006, 1 (2).

［91］Black N J, Leckett A, Ennew C, et al. Modelling consumer choice of distribution channels: An illustration from financial services ［J］. International Journ-al of Bank Marketing, 2002, 20 (4).

［92］Balubramanian S, Raghtmathan R, Mahajan V. Consumers in a multi-channel environment-product utility, process utility and channel choice ［J］. Journal of Interactive Marketing, 2005, 19 (2).

［93］Baal S V, Dach C. Free riding and customer retention across retailers' channels ［J］. Journal of Interactive Marketing, 2005, 19 (2).

［94］Cheng J M, Sheen G J, Lou G C. Consumer acceptance of the Internet as a channel of distribution in Taiwan: A channel function perspective ［J］. Technovation, 2006 (26).

［95］李季. 从购买成本的角度解读网络购物行为 ［J］. 商业研究, 2006 (18).

［96］张洁佩, 徐杰, 卞文良. B2C 电子商务环境下顾客渠道选择问题实证研究 ［J］. 物流技术, 2010 (8).

［97］Ma W, Zhao Z, Ke H. Dual-channel closed-loop supply chain with government consumption-subsidy ［J］. European Journal of Operational Research, 2013, 226 (2).

［98］Chen K Y, Kaya M, Özer Ö. Dual sales channel management with service competition ［J］. Manufacturing & Service Operations Management, 2008, 10 (4).

［99］Yan R, Pei Z. Retail services and firm profit in a dual-channel market ［J］. Journal of Retailing and Consumer Services, 2009, 16 (4).

［100］许传永, 苟清龙, 周垂日, 等. 两层双渠道供应链的定价问题 ［J］. 系统工程理论与实践, 2010, 30 (10).

［101］许垒, 李勇建. 考虑消费者行为的供应链混合销售渠道结构研究

[J]. 系统工程理论与实践，2013，33（7）.

[102] 刘汉进，范小军，陈宏民. 零售商价格领导权结构下的双渠道定价策略研究 [J]. 中国管理科学，2015，23（6）.

[103] Luo L, Sun J. New product design under channel acceptance: brick-and-mortar, online-exclusive, or brick-and-click [J]. Production and Operations Management, 2016, 25 (12).

[104] Brynjolfsson E, Smith M D. Frictionless commerce? A comparison of Internet and conventional retailers [J]. Management Science, 2000, 46 (4).

[105] Friberg R, Ganslandt M, Sandström M. Pricing strategies in e-commerce: Bricks vs. clicks [R]. IUI Working Paper, 2001.

[106] Morton F S, Zettelmeyer F, Silva-Risso J. Consumer information and discrimination: Does the internet affect the pricing of new cars to women and minorities [J]. Quantitative Marketing and Economics, 2003, 1 (1).

[107] Cooper J C. Prices and price dispersion in online and offline markets forcontact lenses [J]. FTC Bureau of Economics Working Paper, 2006.

[108] Sengupta A, Wiggins S N. Airline pricing, price dispersion, and ticket characteristics on and off the internet [J]. American Economic Journal: Economic Policy, 2014, 6 (1).

[109] Spengler J J. Vertical integration and antitrust policy [J]. Journal of Political Economy, 1950, 58 (4).

[110] Steiner R L. Evolution andapplications of dual-stage thinking [J]. Antitrust Bull, 2004, 49.

[111] Ahn H, Duenyas I, Zhang R Q. Price competition between retailers and manufacturer-owned stores [J]. University of California at Berkeley Working Paper, 2002.

[112] Ernst Y. Consumer trends in online shopping [J]. Retrieved August, 2001, 3.

[113] Webb, K L. Managing channels of distribution in the age of electronic commerce [J]. Industrial Marketing Management, 2002, 31.

［114］Jammernegg W, Kischka P. Risk-averse and risk-taking newsvendors: A conditional expected value approach ［J］. Review of Managerial Science, 2007, 1 (1).

［115］Mitra S, Webster S. Competition in remanufacturing and the effects of government subsidies ［J］. International Journal of Production Economics, 2008, 111 (2).

［116］Fishbein M, Ajzen L. Belief, attitude, intention and behavior: An introduction to theory and research ［J］. MA: Addison-Wesley Reading, 1975.

［117］Walters P G P, Zhu M. International marketing in Chinese enterprises: Some evidence from the PRC ［J］. MIR: Management International Review, 1995.

［118］Engel J F, Blackwell R D, Miniard P W. Consumer behavior: International edition ［J］. Orlando: Dryden Press, 1995.

［119］Kotler et al. Grundlagen des Marketing ［M］. Pearson Studium, 2022.

［120］Arrow K. J. Essays in the Theory of Risk Bearing ［M］. Chicago: Markham, 1971.

［121］Leon G. Schiffman, Leslie Lazar Kanuk. 消费者行为学（第7版）［M］. 北京: 清华大学出版社, 2001.

［122］Svensson G. A. Coceptual framework for the analysis of vulnerability in supply chain ［J］. Internation Journal of Physical Distribution & Logistics Management, 2000 (9).

［123］胡金环, 周启蕾. 供应链风险管理探究 ［J］. 价值工程, 2005 (3).

［124］马林. 供应链风险管理下供应商选择熵权多目标决策分析 ［J］. 统计与决策, 2004 (1).

［125］Paulsson U. Supply chain risk management ［C］// Brindley C. Supply Chain Risk. Ashgate Publishing Limited, 2004.

［126］丁伟东, 刘凯, 贺国先. 供应链风险研究 ［J］. 中国安全科学学报, 2003 (4).

［127］张存禄, 黄培清. 数据挖掘在供应链风险控制中的应用 ［J］.

科技管理，2004（1）.

　　［128］巴罗，王晓东. 企业物流管理：供应链的规划、组织和控制［M］.
北京：机械工业出版社，2002.

　　［129］Lee H L. The triple-A supply chain［J］. Harvard Business Review，
2004，82（10）.

后　　记

2013 年我在天津大学经管学部攻读管理科学与工程的博士，师从李波教授，在李老师的指导下开始了渠道供应链的研究，毕业后又进一步结合供应链各成员的行为对新零售渠道的决策问题进行了思考，目前关于渠道供应链的决策研究仍是我关注的主要问题。本书是在本人先前研究的基础上又结合大量文献阅读，归纳总结的成果。

本来在博士毕业之后应该一鼓作气将书稿写出，但因生性懒惰，又忙于琐事，所以就搁置了很久，但是在搁置的这段时间也让我重新梳理了自己的思路，更新了自己的一些观点。本书重新梳理了本人在《管理工程学报》、*Annals of Operations Research*、*IMA Journal of Management Mathematics* 及 *Kybernetes* 等国内外著名期刊发表的几篇论文，通过梳理已有成果，结合新零售的兴起，本人对该研究有了进一步的理解，过程是痛苦的，但是拔剑出鞘那种快意恩仇的瞬间感觉一切都是值得的。

在本书出版之际，我首先要感谢我的两位老师——天津大学的李波教授和南开大学的李勇建教授，两位李老师渊博的知识、严谨的科研态度，对我影响极深。他们不仅在学术上造诣颇深，工作上也可谓勤奋之极，耳濡目染，言传身教，使我受到了很好的学术熏陶和规范的科研训练。两位恩师视生如友、严于律己、宽以待人、自强坚韧的处世态度是吾辈之楷模。得益于他们的影响，作为一名高校教师，我热爱自己的教学与科研工作，热爱自己的学生，与自己的学生建立了亦师亦友的深厚感情。

感谢河南科技大学商学院的领导和同事们对我的支持和帮助，他们的帮助和支持加速了我出书的步伐。感谢国家社会科学基金重点项目（21AZD117）、国家自然科学基金青年项目（72102163）及河南科技大学博士启动基金项目

（13480037）为本书的出版提供了资金支持。

　　在这里特别感谢河南科技大学商学院的研究生刘艺雯同学。刘艺雯同学帮忙收集了相关资料并参与了本书的撰写。在此向她表示衷心的感谢。

　　感谢经济科学出版社张燕编辑的大力协助。

　　另外，此书特别送给我的母亲李想真女士和我的爱人李二强博士。感谢大字不识的母亲扛着那种重男轻女的思想支持我独立，追寻自我价值的实现。感谢我的爱人给予了关键技术的支持，使我的想法得以成文。

　　鉴于笔者水平有限，又因出书比较仓促，难免有不足之处，恳请各位读者批评指正。

王汝锋